NECENZURAT

RADU F. CONSTANTINESCU ÎN PUȚINE CUVINTE:

Singurul scriitor/blogger din România care a donat 66 000 RON către două cauze sociale. A generat în plus donații de aproximativ 200 000 de euro. Nu-i așa că nu știați? Știrile pozitive nu ajung în presă.

RADU F. CONSTANTINESCU

Necenzurat

Ediția a III-a

CURTEA VECHE

Descrierea CIP a Bibliotecii Naţionale a României
CONSTANTINESCU, RADU F.
Necenzurat / Radu F. Constantinescu. - Ed. a 3-a -
Bucureşti : Curtea Veche Publishing, 2019
ISBN 978-606-44-0241-7

159.9

Redactor: Alina Bâltâc
Tehnoredactor: Chirachiţa Dogaru
CURTEA VECHE PUBLISHING
str. Aurel Vlaicu nr. 35, Bucureşti, 020091
redacţie: 0744 55 47 63
distribuţie: 021 260 22 87, 021 222 25 36, 0744 36 97 21
fax: 021 223 16 88
redactie@curteaveche.ro
comenzi@curteaveche.ro
www.curteaveche.ro

ISBN 978-606-44-0241-7

Dezbracă-te încet, pagină cu pagină, de prejudecăți.
De haine e ușor, poate toată lumea.
Înainte să poți alege între bine și rău
trebuie să le cunoști pe amândouă.

N-o să-mi fie dor de tine

În loc de prefață, dedicație, tabel cronologic și alte acareturi

Nu o să șterg pozele cu tine din telefon. Nu o să vorbesc cu prieteni comuni să aflu ce mai faci. Nu o să bat DJ-ul dacă pune melodia aia pe care mi-ai promis tu că n-o să-ți mai muți niciodată hainele.

Sau eu ți-am promis că n-o să ți le mai muți? Cum a fost?

Pur și simplu, n-o să-mi fie dor de tine și nu o să schimb locul mobilei prin casă. S-o fac să pară altfel. Altcumva. Altundeva.

N-o să las mușcatele să moară de sete, iar eu... eu în niciun caz n-o să mă îmbăt.

N-o să-mi fie dor de tine și n-o să-ți dau unfriend ca apoi să caut să-ți văd de pe pagina lui Dan check-in-urile.

N-o să merg ca din întâmplare la restaurantul tău preferat să cer un borș de vițel și să te aștept... ca un bou.

Nu te gândi măcar o secundă că o să dau jos ramele alea de pe pereți. Oricum, n-am apucat să punem nimic în ele!

Să nu crezi că n-o să mai merg la Constanța.

Sau că n-o să mai beau Jägermeister din pahare reci.

Sau că n-o să mă mai îmbrac cu tricoul verde. Sau că o să donez cămașa neagră unui om al străzii...

Nu.

N-o să-mi fie dor de tine. Pentru că sunt al dracului de hotărât… să te păstrez!

Ține minte acest anti-blestem!

Ține-l minte, că nu o să te urmărească toată viața. O să doarmă cu tine în pat. O să-ți răvășească părul și lecturile.

Dragostea nu se spală cu apă. Nu se îneacă în vin. De oameni mai scapi, dar de dorul lor? E ca și când trupul tău ar lăsa pe perete umbra celui care a plecat.

Nu crezi în fantome? Dar dorul ce este dacă nu fantoma unui sentiment?

Știi cum se invocă un spirit? Oamenii se țin de mână. La o masă. Eu încă nici nu te țin de mână și tot ce credeam că a murit se întoarce. Așa. Fără efecte speciale. La o cafea.

Ce straniu! Oamenii își beau cafeaua ca să se trezească. Pe mine, cafeaua asta pe care o bem împreună mă face să visez.

Visez sau îmi aduc aminte?

Până și degetele mele au amintiri cu tine! Chiar… Sânii tăi cum stau cu memoria? Îmi aduc aminte de o cafea exact ca aceasta. Doar că nu era la începutul unei zile. Era la sfârșitul unei nopți.

Cum scapi de dor? Legal?

Dorul nu poate să fie aruncat din tren. Nu poți să-l arzi sub formă de scrisori. Nu poți să-l decupezi din fotografii. Din fotografii dispar doar oamenii. Sau ar trebui să spun că invers? Că oamenii decupați dispar *doar* din fotografii?

Dorul nu se rupe, nu se îndoaie, nu se turtește, nu poate să fie tras în fire și făcut ghem. Ce bucurie ar fi asta cu ghemul pentru pisicile tuturor femeilor care așteaptă pe cineva.

Dorul e ca un magnet uriaș care atrage toate melodiile plângăcioase, făcând melancolia accesibilă chiar și tinerilor. Până la urmă, tot trecut e și ziua de ieri.

Dorul nu poate fi sufocat cu perna, așa că degeaba plângi în ea.

Mulți au încercat să-l otrăvească folosind alcool. Studiile de specialitate făcute prin baruri au demonstrat însă că dorul și alcoolul sunt în foarte bune relații cu telefonul tău mobil de pe care trimiți mesaje chiar și la numerele pe care erai sigur că le-ai șters.

Dorul caută femeia pierdută în alte femei. Și bărbatul în alte... mă scuzați de expresie. Din nefericire celelalte femei sunt frumoase degeaba. Că nu sunt *ea*. Iar celelalte, pardon de expresie, vor fi mereu mai puțin satisfăcătoare.

Sexul cu o femeie pe care nu o iubești nu e altceva decât masturbare asistată.

Știi, noi, bărbații, vrem să ieșim mereu bine, așa că sacrificăm adesea fericirea în favoarea reputației. Eu o să recunosc deschis că mi s-a întâmplat să fiu tirbușonul de scos dorul din piept. Sau de pe unde era el.

A doua zi mi-a spus că noaptea a fost una dintre cele mai bune, dar dimineața nu-mi spune decât ce nu vreau să mai aud.

Făcea oare ăla, de plecase și lăsase doar dorul, cafeaua mai bună? Nu. Dar așa cum zilele în care nu se întâmplă nimic sunt doar timp și anii trăiți fără un scop sunt doar risipă, la fel și dorul, acest jar pe care timpul nu-l stinge niciodată de tot, nu trece cu apă. Trece cu o altă flacără.

#necenzurat

UNEORI AŞTEPȚI SĂ SE ÎNTOARCĂ O DRAGOSTE ŞI VINE ALTA. PE CARE NU ŞTIAI CĂ O AŞTEPȚI.

Tu credeai să te lași. Ca alți lași. Treptat. Dacă n-ai țigări trei zile, nu înseamnă că te-ai lăsat de fumat. Dacă nu-l mai vezi un an, nu înseamnă că l-ai uitat...

Credeai că dorul se va acoperi cu un strat gros de timp. Cam de cât viitor ai nevoie să acoperi trecutul?

Ce-ai face dacă ți-aș spune că sunt mai mulți parteneri posibili în lume, decât mai ai tu zile de trăit? Prea multă tristețe. Ne place de noi triști. Tristețea ne dă o aură de neînțeleși. Suntem în avangarda timpului nostru.

Deja morți.

Nu-ți dai viața la reparat. O repari singur, ca pe o mașină lovită-n față, căreia îi picură lacrimi din radiator.

Curaj.

Pune și niște muzică. Există multe cântece despre cum să-l uiți. Fix alea sunt cele care, de fapt, îți tot aduc aminte. Există multe cântece despre cum nu poți să grăbești iubirea. Așa cum nu o poți face să vină mai repede... n-o poți face nici să plece.

Dacă e să te lași de fumat, te lași cu pachetul în buzunar. Altfel, găsești mereu binevoitori care să-ți ofere o țigară. Dacă vrei să-l uiți... mereu o să se trezească cineva să-l pomenească într-o conversație, că doar n-o să vă ucideți toți prietenii comuni.

Uneori, în timp ce crezi că te lupți cu sevrajul de iubirea lui descoperi că nu erai prinsă decât în cătușele obișnuinței. Alteori, crezi că ea te sufoca și ți-ai câștigat libertatea. Apoi descoperi că ești un paralitic, milionar în euro, într-o țară în care tot ce-ți dorești să cumperi se plătește în flotări!!

Fugim unii de alții.

Fugim de amintiri. Le dăm jos de pe perete, le ștergem de pe hard, punem milioane de poze cu noi singuri. Singuri și fericiți. Mai ales pozele alea sunt semn clar că nu ești. Numai nebunii numesc golul acela din suflet „oportunitate“.

Nu timpul le rezolvă pe toate, ci oamenii pe care ai șansa să-i întâlnești te vindecă!

Trebuie să înțelegi că există un optimism realist și un pesimism aspirațional. Și există povești nemuritoare pentru adulți: Iubirea neîmplinită care te urmărește toată viața.

„A fost o dată ca niciodată“ înseamnă că nu se mai întâmplase nici o dată până atunci, nu că nu se va mai întâmpla niciodată până la sfârșitul vieții.

„A trecut ca o rază de soare“? Vezi că și mâine e o dimineață.

Cometă? Astea se mai întorc.

Optimismul realist cere de la om un singur lucru: așa cum se teme că lucrurile rele care s-au întâmplat s-ar putea repeta, tot așa să creadă că lucrurile bune care s-au întâmplat se pot repeta și ele!!

Oamenii cred mai degrabă că nu vor scăpa niciodată de fantoma unei iubiri neîmplinite, ci doar vor putea să țină vie flacăra unei iubiri întregi. Cu pesimismul ăsta căutăm noi fericirea, evitând cu grijă toate locurile unde chiar am putea-o găsi?

Eu zic să ne dăm două palme și să ne revenim.

Nu acum, că sunteți la serviciu și vă stricați machiajul. Și nu de față cu alți colegi. Vorbește lumea...

Lăsăm gluma la o parte: E dragoste sau cancer? Dacă există cancer de sân, dragostea asta ar fi un cancer SUB sân?

E dragoste sau un terminator indestructibil care iese din poze să te omoare cu arma lui secretă: melancolia blegoasă?!

S-a dus. Te-a rănit, OK. Dar ai grijă să faci diferența corectă între sentiment și resentiment. Dacă nu lupți să scapi de efectele secundare ale despărțirii, poate că îți cam place. Ți se pare că ești interesantă. O eroină romantică. Personaj de roman. Mie mi se pare că ești cel mult emo. Și parcă a trecut moda asta.

Da, există iubiri ca niște povești nemuritoare pentru adulți. Dar astea au cel puțin două personaje. Și amândouă au grijă de ea, că de-aia trăiește nebuna și uneori face și pui. Cărora poți să le povestești adevăratele *Povești nemuritoare*. Cele pentru copii.

„Portretul robot al fericirii" sau „Cum arată relația perfectă" pentru cei care nu o au

Bărbații își imaginează relația perfectă ca pe o mașină frumoasă și rezistentă. Să ți-o admire toată lumea la semafor. Să nu fii nevoit să bibilești la ea. Dar nici mașina ideală nu există, iar femeile și mașinile seamănă mult: dacă nu ai grijă de ele, te lasă.

Femeile își imaginează relația ideală mai ales prin negație. NU vor să li se mai întâmple lucruri care li s-au întâmplat deja. Parcă sunt cele zece porunci:

Să nu bea.

Să nu se uite după altele.

Să nu... mai fiu rănită.

Și unii și alții își doresc un soi de telecomandă magică pentru relația lor. Una care să deruleze înapoi și să facă din nou mai bine, sau să facă din nou pentru că a fost atât de bine... Să crească volumul orgasmului. Să crească volumul pectoralilor și alte volume până sunt numa' bine.

Bărbații, în general, i-ar da mai încet sonorul când are chef de ceartă. Poate chiar pe *mute*. Totul e să n-o uite pe pauză.

Dar nu. Nu se poate.

În relația perfectă interesul nu moare pentru că există încă farmecul discret al nesiguranței.

În relația perfectă comunicarea nu merge domol, gen Cotele apelor Dunării. Mai degrabă seamănă cu un teatru radiofonic pentru vecini.

În relația perfectă femeia nu stă nici în spate, nici în față.

Un bărbat supus aparține deja trecutului, chiar dacă el nu și-a dat încă seama.

Amuzant e că până pe la treizeci de ani, când ești în relația perfectă nu ți se pare deloc că ar fi așa!

Vezi certurile de un minut mai mari decât fericirea de o săptămână.

Vezi pasiunile lui obositoare, el îți vede prietenele la fel de obositoare. Vezi două, trei defecte ignorând o sută de calități. Vezi foarte clar ce ar trebui să se schimbe la ea...

Abia când pleacă realizezi că erau câteva lucruri de schimbat și la tine. Apoi te miri cât de goală poate să-ți fie mâna fără mâna ei. Și cauți. Acel casting de bărbați când îți vine să spui: Neeeext! Acel înșir-te mărgărite, când ne lăudăm noi cu câte am avut.

O căutare pornită aiurea din start.

Relația perfectă nu e ceva ce găsești. E ceva ce trebuie să construiești.

Bărbații au inventat inteligența artificială. Femeile au inventat frumusețea artificială. Așa că...

Dacă n-o iubești dimineața, n-o iubești deloc, doar îți place cum se machiază!

Și dacă ai norocul ăsta, ajungi să adori când i se scurge puțin rimelul. Când o faci să râdă cu lacrimi.

Și părul. Niciun hair stylist nu poate să-i dea atât volum cât îi dai tu atunci când o ciufulești într-o bătaie cu perne cu happy end.

Tenul ei imperfect devine senzațional atunci când îi înveți geografia alunițelor, iar cele două mici vergeturi de pe fund parcă sunt albiile a două râuri extatice care pornesc din izvorul fericirii...

În fiecare dimineață spune că nu vrea s-o vezi așa: Sunt urâtă la șapte dimineața! Nu și dacă te prinde șapte dimineața la mine în pat.

Are ochii aproape lipiți de somn? Încă privesc înspre înăuntru, către sufletul în care mă lăfăi ca un pașă. Un palat pe care nu îl împart cu nimeni.

E superbă dimineața. Cu ea. Are rost să oprești alarma doar ca să poți să te bucuri de imaginea ei dormind. Înger imperfect cu o aripă neagră. Sculptură perfectă cu un colț ciobit. Sau să-i dai un telefon mamei ei. Să-i mulțumești că a făcut-o.

Să te furișezi în vârful picioarelor și să-i pregătești micul dejun. Un mic dejun la fel de imperfect cum se vede ea pe ea în fiecare dimineață.

#necenzurat

WE ARE NOTHING BUT TWO IMPERFECTIONS FITTING TOGETHER PERFECTLY.

Așa știi că ești în faza de relație pe la mijloc. Când speli vasele de drag, nu de gura ei. Când știi destul de multe despre ea încât să știi ce-i place și totuși îți mai oferă surprize. Când plănuiești o seară romantică și nu-ți iese pentru că ea a invitat prieteni sau când nu plănuiești nimic și iese cât să scrii o carte frumoasă pe care oamenii să o citească zâmbind.

Normal că nu scrie nimeni despre asta. Cine să scrie despre cât de frumoasă e ea în pantaloni de casă? Pantaloni de casă au toate. Nu e nimic special pentru publicul larg fiindcă iubirea, când e pe la mijloc, lasă publicul larg afară.

Desigur, se mai aude prin ușă...

Păcat e că, atunci când e la sfârșit, aduce tot felul de oameni ca public: prieteni care-și dau cu părerea, rude care nu-ți dau telefon de ziua ta, dar sună acum să ceară explicații, colegi care vorbesc compătimitor sau te judecă.

E frumoasă iubirea asta suspendată între început și sfârșit, ca o clipă veșnică.

După ce ai cucerit-o n-o mai apreciezi? Nu meriți să o păstrezi.

Hai să facem de data asta altfel. Există două fețe pentru orice monedă. Cap sau pajură. Să dăm și capului ce este al lui.

Faza de curtare seamănă mult cu interviul de angajare. Mai puțin faza cu experiența în domeniu, că nicio femeie nu cere referințe de la fostul loc de muncă.

Ne punem calitățile în cea mai bună lumină. Să ni se vadă. Cum li se văd vedetelor rock atuurile non-vocale prin pantalonii slim fit.

Suntem atenți. Atenți cu ceea ce lăsăm să se observe, că toți avem câte ceva defect, iar un bărbat mișto își știe defectele și le ascunde. Unul și mai mișto încearcă să le și corecteze.

Suntem tandri. Suntem disponibili.

Orice oră pe care poți s-o petreci cu ea ți se pare o variantă mai bună decât o vacanță de șase zile în Las Vegas. Nu-ți mai trebuie, că tu ai tras deja jackpot-ul!

Apoi ne obișnuim și comportamentul nostru devine și el unul... obișnuit. E o relație obișnuită. Deci nu e iubirea *aia*.

Și atunci are rost să te miri că pleacă?

Ai avut un demo excelent, dar un produs sub așteptările pe care chiar tu le-ai creat!

Dar se întâmplă și invers. Dacă nu poți să fii every woman nu te mira că se uită după almost every woman.

O femeie cu care te întâlnești în oraș poate să fie doar sex object. I would not object.

O femeie cu care te vezi îmbătrânind trebuie să fie de mare viitor, altfel te vezi îmbătrânind cum creștea Făt Frumos: un an în trei zile. Ea trebuie să fie fascinantă și imprevizibilă ca amantă, dar și un partener la care nu trebuie să te uiți ca să știi sigur că ai spatele acoperit.

Trebuie să știe să te stimuleze fără să pocnească din bici și să te înțeleagă fără să fie nevoie să te explici.

Pentru că o femeie cu care vrei să te culci într-o noapte e cu totul altceva față de una lângă care vrei să te trezești în fiecare dimineață.

Savurăm sau păstrăm? Ambele. Dacă nu savurezi relația mi se pare inutil să păstrezi ceva ce nu mai ai. Să „dai bine" nu echivalează cu a-ți fi bine. Dar acum ești bine.

O noapte bună e una în care nu dormi.

Să iubești înseamnă să trăiești la un alt nivel. Este o stare superioară de trezie. Începi să te întrebi dacă de fiecare dată când ai visat nu erai de fapt mai treaz și alunecai cu fiecare „deșteptare" înapoi într-o lume căreia îi lipsește o dimensiune. Cea a imaginației.

Imaginația nu este altceva decât o realitate mai bună.

Dragostea nu e relație. E revelație.

Nu există invitație mai seducătoare decât femeia, cu pielea ei de hârtie velină care așteaptă să scrii pe ea cu buzele și cu dinții. Nici lecție la care nimeni să nu doarmă sau să-și verifice telefonul. Poate să-și verifice simțurile. Să fie sigur că nu visează.

Nu există transformare mai mare decât povestea de dragoste, când un om care nu exista pentru tine înainte să-l cunoști devine omul fără de care simți că nu mai exiști tu. Devine omul fără de care nu te mai recunoști.

Erai fluentă în limbajul trupului. Eram credinciosul altei religii. Cine spune că, dacă vrei să ajungi în rai, trebuie mai întâi să mori? Nu. Trebuie mai întâi să încetezi să mai exiști de unul singur.

Eram pregătit să exclud lumea. Până m-ai învățat tu să o iubesc. Nu ești perfectă, dar ești mai mult decât atât. Ești imperfecțiunea care mi se potrivește cel mai bine.

Curbele tale peste egoul meu. Ca o coajă de nucă peste miez.

Dictează-mi ce să-ți ordon! Ordonează-mi viața și eliberează-mi condiționat mâinile. Nu-mi trebuie niciun alibi când vin să iau ce nu mi se cuvine.

Nu cred că pasiunea durează. Nici frumusețea. Nici viața. Un motiv în plus să le trăim acum.

Acum.

Un acum care valorează mai mult decât toate celelalte.

Mă gândeam să-ți spun cum ni se potrivesc toate cele. Dar n-ar fi mai bine să-ți arăt? Unde-mi sunt manierele? Niciun bărbat n-ar trebui să fie atât de sărac încât să nu-și permită maniere, dar în pat bunele maniere sunt altele. Iar patul nu începe în pat. Preludiul nu e un set de mișcări.

#necenzurat

NIMENI NU O SĂ ADMITĂ CĂ O VIAȚĂ SEXUALĂ REGULATĂ ŞI UNA FERICITĂ SUNT DOUĂ NOȚIUNI DIFERITE.

„E mai bine în căsnicie?"

„Mai bine, nu, dar mai des"...

Vreau să mă tragi de păr! Vreau să mă lovești! Vreau să mă faci geloasă!

Când ești prea tânăr nu îndrăznești să faci ce îți cere. Când ai un pic de experiență știi că tot ce nu faci tu va cere altuia. Când bărbatul e bărbat ea nu trebuie să mai ceară.

Ce-ai face dacă ți-aș spune că preludiul începe de cele mai multe ori înainte să știi cum o cheamă?

Preludiul în traducere liberă

La fotbal, la politică și la sex toți proștii se pricep. Atâta doar că suporterii care-i critică pe fotbaliști n-ar putea să alerge nici zece minute în ritmul unui meci, cei care critică virulent corupția și-ar pune familia în posturi-cheie dacă ar câștiga fie și o primărie amărâtă, iar specialistele în sex de prin reviste sunt niște domnișoare care n-au mai văzut o pulă din 2013.

Asta în cazul fericit. În cel nefericit n-au văzut niciodată.

Oamenii sunt capabili să facă orice pentru bani, inclusiv să distrugă vieți cu sfaturi pe care nu le-au verificat.

Dacă iei la rând, cum am făcut-o eu de curiozitate, cele mai citite site-uri pentru bărbați și cele mai cunoscute reviste pentru femei vei fi șocat să constați de unde provin multe dintre problemele cuplurilor de astăzi! Vin din horoscopul care exclude efectiv câte două sau trei zodii pentru fiecare dintre noi. Nu o să ne înțelegem. Mai bine să nici nu încercăm. Mai vin lecturile lor de ieri, filmele porno pentru bărbați și romance-uri pentru femei!

În filmele porno preludiul aproape că nu există. În romance-uri nu se mai termină!! Iar în reviste și pe tot felul de site-uri, preludiul este fie un fel de mutat mobila în care se redecorează jumătate de casă sau terasa blocului, fie un fel de masaj. Acesta din urmă mă amuză de fiecare dată. Indicațiile parcă sunt de joc pe calculator. Mâna prin păr, buzele pe gât, respiră-i în ureche.

Indicațiile sunt bune. Dacă vrei să o gâdili. :)))

Înainte să te trezești vorbind despre *cum* se procedează în preludiu, ar trebui să înțelegi *ce este*.

Preludiul poate să înceapă înainte ca voi să vă fi văzut. Preludiul e un schimb de cuvinte înaintea unui schimb de tricouri. Preludiul e alegerea hainelor atunci când știe că te va întâlni. Privirea către ceasul care nu vrea să meargă mai repede. Preludiul e un vers pe care i-l trimiți. Unul senzațional, scris de un poet mare sau unul șchiop, inventat de tine.

Îmi e greu să spun care e mai frumos. Știu care e mai eficient. Al doilea. Și poezia asta e un fel de sex oral. Sau scris.

Preludiul e o pereche de tocuri și o ușă deschisă când el își face loc să o privească, iar ea are grijă să nu se miște prea repede. Pe ea o excită să se știe privită. Pe el să creadă că n-a fost văzut.

Nu spun că nu există, dar eu n-am văzut niciodată o femeie care să vrea sex după ce a fost mângâiată cu o pană, dar după o bătaie cu pernele din care au ieșit toți fulgii... asta am văzut. Și momente care nu anunțau nimic și s-au terminat în mașină, cu geamuri aburite am văzut. Din interior. La fel cum uneori „țigara de după" a ținut loc de al doilea pahar de vin.

În loc să ne pierdem vremea să știm cum ar trebui să fie un preludiu fenomenal, ar fi fenomenal dacă ne-am folosi timpul să știm cum e cel de lângă noi.

Să mă iertați, dar pe mine nu m-a interesat să aflu ce le place femeilor în general. Am vrut să știu ce-o dă pe spate pe femeia de lângă mine. Iar acest interes, care se simte, este, credeți-mă, cel mai bun preludiu.

Ce-ai zice dacă ți-aș spune că flirtul nu este începutul relației? E coloana ei vertebrală.

#necenzurat

FEMEIA SE VERIFICĂ ÎN
FLIRT CA-N OGLINDĂ.
ŞI NU EŞTI SINGURA
OGLINDĂ DIN ORAŞ.

Pare nedrept? Superficial? Solicitant? Diabolic?

Femeia nu e deranjată dacă o vezi diabolică, ci dacă o crezi proastă și există doar două tipuri de femei: cele care au greșit măcar o dată și cele care nu recunosc. Aici sexele seamănă atât de mult cât e firesc să semene.

Telefonul de dinainte de a ajunge cu „Iubito, mai vrei să cumpăr ceva în drum?“ nu-l dai pentru liniștea ei. Îl dai pentru a ta. Dacă îți dă o listă lungă sau te trimite în partea cealaltă a orașului să ridici un colet, nu mai trebuie să întrebi nimic.

Indiferent ce îți cere în intimitate e acceptabil sau chiar dezirabil.

Nimic nu e indecent atâta vreme cât nu există public.

Ce povestești tu mai departe e însă altă poveste. Vorbele auzite de oricine sunt mai indecente decât gesturile văzute de doar două perechi de ochi.

Sexul e un joc al dominației. Dacă nu ești în stare să joci rolul călărețului, îl vei juca pe cel al calului.

Să ai senzația că o cucerești pentru că tu propui și ea alege este ca și când ai spune că tu ești șeful când mergi cu o cerere la semnat.

Toate femeile care spun că sexul nu e important sunt ca bărbații care nu vor un cabrio: n-au avut niciodată ce trebuie.

Femeia iartă mai degrabă un bărbat obraznic decât unul indecis.

Toate nopțile sunt hârtii albe pe care ori scriem noi, ori se scriu singure. Cu penița ascuțită până la durere a dorințelor ascunse care apar nechemate când te aștepți mai puțin. Pentru că toate femeile sunt făcute să fie amante.

Mintea e mereu nepăzită și în ea sunt adesea alți ochi, alte buze, alte morminte. Sunt vorbe îndrăznețe și gesturi și mai îndrăznețe. Atingeri care provoacă și cer alte atingeri. Libertăți pe care nu ți le iei. O vreme.

Până la urmă, să crezi că un om nu va merge după dragoste pentru că e incomod sau e departe e ca și când ai spune că nu mergi la munte pentru că nu e niciun vârf în Drumul Taberei.

Secretul solidității multor căsnicii este discreția altor oameni și contribuția lor la fericirea unor femei care strălucesc. Secretul acestora din urmă s-ar putea să nu fie o cremă de față.

Nu. Nu e nimic imoral în asta. Poate doar puțin trist.

Soțul nu înțelege niciodată unde se tot lovește nevasta așa că la un moment dat nici nu mai vede vânătăile simetrice de sub genunchi.

Dacă nu te trezești lângă femeia pe care ai visat-o e semn că nu te-ai culcat în patul care trebuia.

MUZA: Știi ce mi se pare curios?

SCRIBUL: Nu știu. Mie mi se pare totul curios...

MUZA: Că era o vreme când nimeni nu-ți dădea un sfat.

Nu exista nimic mai ocult decât chimia relației. Acum e invers. Toți vor să-ți spună cum să-ți trăiești viața.

SCRIBUL: Și când era mai bine?

Greșelile

Unde greșesc femeile, indiferent dacă sunt zeițe sau muritoare de rând?

• ***Cred în Făt-Frumos***

Cineva o să se revolte, cândva, contra poveștilor ăstora în care femeia are nevoie să fie validată de un anume bărbat, în care măritișul rezolvă problemele financiare ale Cenușăreselor dispuse să-și bage sau să-și depărteze picioarele cu grație și, mai ales, unde se trăiește fericit și plictisitor până la adânci bătrâneți...

Chiar și poveștile admit că după măritiș începe plictiseala. Doar acolo se termină...

• ***Există o singură iubire adevărată***

Come on! Chiar așa „speciali“ să fim? Din 6 miliarde de oameni să avem compatibilitatea perfectă doar cu unul? Măi să fie! Întrebați orice psiholog și vă va spune că tipologiile umane se numără lejer... sunt aproximativ 100 000 de „Mr. Right“ pentru fiecare dintre voi. Asta e vestea bună. Vestea proastă e că se aplică și reciproca.

• ***Dacă înghiți mizerii „lupți pentru iubirea voastră“***

Draga mea, dacă înghiți mizerii, nu mai există iubirea lui. Doar a ta și nu accepți evidența. Una e să te cerți, să ai o iubire cu năbădăi, unde poți să glumești chiar a doua zi despre toate lucrurile care s-au zis sau făcut. Una e să faci make-up sex. Și alta e să cauți un fond de ten potrivit să-ți ascundă vânătaia de sub ochi.

Și nu! Asta nu e valabil doar pentru femeile proaste, needucate sau sărace.

• ***Înșelatul se întâmplă atunci când nu are ce-i trebuie acasă***

Serios? De curiozitate... ești sigură că știi ce-i trebuie? Crezi că așa simplu e bărbatul încât mai caută pe telecomanda de la smartTV butonul de oral sex?

Trebuie să-i oferi toate picanteriile?

Bărbatului îi place să cucerească. Dacă nu mai are nimic de cucerit se duce la „next level". Ceea ce oferi tu, oricât de hot, devine... default-ul.

• ***Are un fond bun și îl mai schimb eu***

Nu. După o anumită vârstă bărbații nu se mai schimbă. În cazul meu... de pe la optsprezece ani.

• ***E greu s-o iei de la capăt***

Foarte ușor nu e. Dar, cu cât trece vremea, va fi și mai greu. Și octogenarii tot după puștoaice întorc capul pe stradă...

• ***Cred că există relații perfecte. La altele***

Nu. Nu există relații perfecte, există doar iubiri imperfecte. Paradoxal sau nu, astea sunt de preferat.

Și ultima greșeală, dar nu cea din urmă este că le e frică să greșească. E o greșeală să nu greșești? Eu cred că da. Pentru că e o vârstă a femeii când erorile sunt permise. Iar lecțiile acelor erori vor influența deciziile pe care le va lua mai târziu. Când greșelile se plătesc mult mai scump.

Orice femeie trebuie să fie măcar o dată blondă, amantă, părăsită și iubită de motociclist.

Unii le numesc greșeli, alții se laudă cu ele. Știi genul? Se plâng, dar de fapt se laudă.

Eu le numesc experiențe. Viața stă pe loc fără ele. Doar timpul merge înainte. E mai ușor să înțelegi trăirile altcuiva când le-ai avut pe ale tale. E mai ușor să înțelegi motivațiile altor oameni când ți-ai înțeles propriile motivații.

Cer ca dreptul la greșeală să fie garantat prin Constituție!

Până la treizeci de ani să ai dreptul la excese vestimentare și bahice. Dreptul la derapaje de limbaj și emoționale, mama lui de ABS!! Prea ne punem singuri cătușe fără să ne acordăm șansa la telefon, avocat din oficiu și cauțiune.

Toate lacrimile pe care ai înțeles de ce le-ai plâns sunt folositoare.

Cioburile farfuriilor sparte la nervi sunt mai eficiente decât antidepresivele. Iar singurele efecte secundare sunt o reputație proastă în bloc și activitatea în folosul comunității cu mătura cu care le strângi.

Eu sunt cel care aruncă piatra doar în cei care aruncă piatra. Încet-încet, ne-am strâns într-o gașcă și vom fi mai mulți decât ei!

Vrei să iubești un chitarist de rock cu reputație dubioasă (apropo, există și altfel?): iubește-l să te țină minte!

Vrei să arăți ca Lady Gaga? Singurul lucru rău în asta e că o copie după nebunie nu e altceva decât o degradare a nebuniei.

Vrei sau nu, mai devreme sau mai târziu pe toți ne părăsește cineva. Și majoritatea nu ieșim prea grațios din asta. Mare brânză! După un timp îți aduci aminte și râzi. Da, chiar cred că trebuie să faci și lucruri despre care știi de la bun început că sunt greșite.

De cele mai multe ori respectabilitatea e o fraudă.

Unde greșesc bărbații?

• *Nu poți să agăți dacă n-ai mașină*

Cam nasol, adică ești condamnat să ai prima prietenă după optsprezece ani, când îți poți lua carnetul?

• *Există femei care nu-s de nasul tău*

Asta doar dacă scopul tău e să le miroși. Nu uita povestea cu frumoasa din liceu care rămâne virgină pentru că pare inabordabilă, dar mai ales cealaltă poveste, cu frumoasa din liceu pe care o întind toți, numai tu nu. Un pic de încredere în tine nu strică. Chiar dacă fata te refuză. Ține minte că e ca la ruletă:

Ca să câștigi... trebuie să joci!

• ***Sunt replici bune de agățat disponibile pe net***

Nu-s. Majoritatea celor care dau sfaturi despre cum să agăți pe diferite site-uri sunt de fapt studente în practică. Sunt puține excepții. Eu NU dau replici de agățat...

Ține minte că fata știe din prima dacă vrea să se culce cu tine sau nu... nu există replici care s-o transforme din agasată... în interesată, dar există texte idioate, care o transformă din interesată în agasată...

• ***Ai agățat-o, gata cu eforturile***

Fals! Dacă ea nu s-ar mai epila pentru că, în sfârșit, are parte de sex ca la carte, tu n-ai da bir cu fugiții? Dacă nu ți se pare așa mare efort, că doar toate se epilează, bagă și tu un epilat inghinal și mai vorbim după. Când îți trece răgușeala după cât o să urli...

• ***Agațamentul merge mai ușor dacă pari macho***

No way, Jose! Este mui importante să nu pari genul care a avut patru sute de prietene. „Pe vremea mea" era o melodie: Shy Guy. Fetele nu vor să împartă acadeaua cu toată lumea. Vor un tip doar pentru ele. Și dacă pari puțin timid și te bâlbâi de două ori pe minut s-ar putea să ai mai mult succes decât musculoșii cu părul lipit de scalp cu gel. Dar mai ales bărbații trebuie să învețe că femeile vor un bărbat pentru că este bărbat. Care știe să le asculte ca un bărbat, nu ca o prietenă de bârfă dotată cu penis, și să nu distrugă viitorul lor atunci când ea face gestul suprem de încredere și i se confesează.

Bărbatul „da, dragă" versus bărbatul „dat dracului"

Până și în cântecele populare românești există o vorbă despre cum selectează o muiere bărbatul cu care se mărită: „Să aleg până culeg, da' să nu hie ăl' bleg!"

Femeile nu se îndrăgostesc de bărbați pentru că ei ar fi un fel de femei care pot căra mai multe sacoșe de la supermarket! Este doar evident că femeile între ele nu se prea suportă.

Nu vor bărbați cu talia mai îngustă decât a lor și nici cu picioarele fără pic de păr. Ca să facem ce? Să ne împrumutăm unul altuia epilatorul? Dar mai ales, un lucru trebuie să aibă bărbatul: inițiativă. Să aibă ideile lui și să se bată pentru ele. Sigur, să-și mai lase din când în când iubita să câștige o dispută, așa pentru că vrea să-i facă o plăcere, sau pentru că ea are dreptate, nu de teamă că cearta va continua la nesfârșit.

Dacă secretul e să ridici tonul, îl vei tot ridica, că doar știi că merge și așa te trezești că în loc de o relație de lungă durată ca în cântecele lui Edith Piaf o să ai una gen Rammstein.

Ce e drept, mie îmi plac Rammstein.

În secret toate vor să fie dominate măcar din când în când. Dar asta se obține, nu se cedează. Ca atunci când îl ai pe El Zorab în față și trebuie să-i convingi stăpânul că-l meriți.

#necenzurat

FIECARE POVESTE DE IUBIRE ESTE PUȚIN ROMEO ŞI JULIETA ŞI MAI MULT ÎMBLÂNZIREA SCORPIEI.

Ține minte: o femeie poate să-ți ierte multe! De la neatenții până la atenții acordate... alteia. Un singur lucru nu-i poate ierta o femeie unui bărbat. Să fie moale.

Învață să o asculți. Nu să asculți de ea.

Deși ni s-au dat două urechi și o singură gură, nimeni nu pare să înțeleagă ceva din asta. Știi senzația aia când stai la masă cu unul care le știe pe toate? Genul care parcă nici nu te ascultă, ci doar așteaptă rândul lui să vorbească din nou? Asta în cazul fericit... mai des se întâmplă să te oprească după doar o jumătate de poveste pentru că „asta nu e nimic“, să vezi ce i s-a întâmplat lui. La tine a fost pistol cu apă de gură! Viața lui e un roman și, pentru că nimeni nu se oferă să-l ecranizeze, îl face el teatru radiofonic. Sau stand-up... tragedy.

Nu-i așa că-i urăști pe oamenii ăștia? Dar pe ei poți să-i eviți, nu-i așa? Și chiar o cam faci. Atunci de ce te miri că nu te-a mai sunat fata aia căreia i-ai vorbit două ore despre viața ta de account manager?

Pasionant. Te și vedeai un fel de Indiana Jones al Excel-ului. Ce discuție spumoasă a fost! S-a râs mult... oare de ce n-a mai sunat? Poate pentru că n-a fost discuție, a fost monolog? Poate pentru că nu s-a râs mult, ai râs tu mult. La glumele tale. Nici eu nu te-aş mai suna, ca prieten „de suc". De o femeie care caută un bărbat, nici nu mai vorbesc. Pentru că tu nici nu ai nevoie... nici de prieteni, nici de iubită, ci doar de o oglindă fermecată, gata să răspundă mereu la o singură întrebare: oglindă-oglinjoară, cine-i cel mai interesant din țară... Am noutăți pentru tine... domnule cu atitudine gen „întreabă-mă ce mai fac"...

Oamenii cu adevărat interesanți nu vorbesc tot timpul despre ei înşişi. Despre oamenii interesanți vorbesc alții...

Iubita ta are un trecut? De ce dracu' te *miri?!*

O femeie își deschide mai uşor picioarele decât sufletul. Când o va face, ascult-o!

Dacă va vorbi despre trecutul ei, n-o judeca.

Când va vorbi despre viitor, nu te speria. Eşti prezentul ei. Ridică-te la înălțimea aşteptărilor. Nu face greşeala să crezi că tot ce a făcut în trecut se va repeta, dar nu face nici greşeala să crezi că tu eşti atât de special încât povestea voastră va fi complet diferită de poveştile pe care deja le-a trăit.

În niciun caz nu-ți schimba părerea despre ea pentru că a greşit la nouăsprezece ani. Cel mai probabil, doar ți se pare că a greşit. Cel mai probabil, tu ai greşit mai mult...

Nu poți să-i rescrii trecutul. Şi — până la urmă — ce-ai vrea? O păpuşă de plastic pe care s-o scoți tu din țiplă? O foaie de hârtie albă pe care să o desenezi tu?

Nu fi idiot! Tu iubeşte-o mai mult. Pentru că te-a lăsat în grădina secretă a amintirilor ei.

Până la urmă, ce crezi că ți-a arătat mai greu? Sânii sau ce visează? Muşcătura aia de pe gât o să-i treacă în câteva zile, dar lucrurile pe care ți le-a spus au însoțit-o nişte ani.

Ce crezi că ne expune mai mult? O fotografie sau o confesiune? Corpul trece, dar cine suntem noi rămâne. Uneori intact, alteori ciobit. Uneori spart. Şi de asta ne temem.

Ce crezi că ne apropie mai tare? Un futut sau o discuție de la minte la minte și de la inimă la inimă? Să știi că profunzimea vaginului nu e cine știe ce... sufletul în schimb are adâncimi amețitoare.

Da, o femeie își deschide mai ușor picioarele pentru că e suficientă dorința. Cheia pentru mai departe e încrederea. Și încrederea o câștigi mai greu.

În dragoste totul e puțin ocult.

Dragostea nu e o știință exactă. Dragostea e o lovitură de stat!

Inima înlătură creierul de la guvernare.

Se alcătuiește un nou cabinet. Se scot bani de la Ministerul Apărării și se dau la Educație. Dacă e cazul și nu te simți în cea mai bună formă se dau și la Sport.

Ca pe vremea lui Ceaușescu, se trece la Alimentația Rațională.

Într-un fel de solstițiu personal, noaptea devine cea mai bună parte a zilei. Îți folosești gura mai bine. Vorbele se tot repetă, iar tu nu te mai saturi să le auzi mereu pe aceleași două. Idioțenie curată! Și totuși, sexul are o inteligență a lui. Mâinile învață repede geografia ținuturilor cucerite.

Dintre bărbați să ridice mâna cine n-a fost niciodată într-o situație în care gura femeii îi spunea să se oprească în vreme ce degetele ei îi descheiau febril nasturii cămășii. Cu teama ca nu cumva să o asculți și să te oprești ca prostu' cel cu oiștea-n poarta raiului.

Și să ridice mâna orice femeie care n-a făcut niciodată asta.

Trupul știe mai bine decât mintea ce-i trebuie trupului. Care dintre noi poate să decidă când să se secrete un anumit hormon, când să-i crească firele de păr, când să-i bată inima, când să i se oprească-n gât?

Nu sunt deloc sigur că trupul e vehicolul minții. Mai degrabă am impresia că mintea are grijă de el.

Viața are un singur scop. Să continue. Prin cine se întâmplă asta nu e important. Principiile după care se joacă viața cu noi sunt mai înalte decât ceea ce numim noi principii. Ne combină într-o luptă pe care nu o înțelegem. Separat, suntem pioni. Dacă ne împotrivim, suntem nebuni. Împreunați de logica vieții suntem rege și regină.

Recompensa pentru supunere e plăcerea.

Noi intervenim în joc. Aducem pe tablă sinceritatea. Conflictul cu multe vorbe pentru două sau trei idei care nici nu sunt divergente. Sunt doar altfel exprimate.

Nu e niciun război între bărbați și femei. Și dacă totuși există unul, de-abia așteptăm să fraternizăm cu inamicul.

Cele cinci tipuri de femei

Femeia lectură

Ca bărbat și cititor, abia aștepți să te pui cu burta pe carte!

Fiecare pagină pe care urmează să o citești e diferită în funcție de cum te-ai descurcat la pagina anterioară.

Spre deosebire de o lectură normală, unde știi câte pagini mai ai, femeia lectură se poate termina brusc, dar la fel ca atunci când citesc orice carte, doi bărbați care „citesc" aceeași femeie nu înțeleg același lucru din ea.

Unii înțeleg mai puțin. Alții mai mult. Și alții nimic.

Femeia e o carte scumpă. Învelită în piele. Dacă se păstrează bine, poate să treacă prin multe mâini și minți, rămânând, ca Iancu Luca Caragiale, foarte actuală.

Foarte solicitantă, femeia lectură poate să schimbe din mers acțiunea, personajele sau chiar limba în care e scrisă.

Orice bărbat cititor în femei îți va spune că sunt multe pagini pe care trebuie să le parcurgi de două ori. Și în ele se tace.

Cu toate acestea (sau poate tocmai datorită lor) o femeie bună are același efect cu o carte bună. N-o mai lași din mână!

Dacă te-a prins de la primele pagini, îți neglijezi orice alte îndatoriri. Îți neglijezi prietenii.

Nu pleci din casă până nu termini.

Măcar încă un capitol.

Te adâncești în ea ca într-o altfel de realitate. O realitate care interferează, bruiază sau chiar anulează orice urmă a realității pe care o știm toți.

Femeia lectură e realitatea pe care o știi doar tu.

O iei la masă. În mașină. În pat. Chiar și în cadă! Spre deosebire de alte cărți, nu ți-e frică niciun pic că s-ar putea uda. Scăunelul pe care îți așezai paharul și cartea are acum două pahare.

Câteva zile pe lună femeia lectură e foarte contradictorie. Nu ai voie să intri în profunzimile ei și asta nu te neliniștește, dar ar trebui.

Pentru eruditi este important de știut că femeia lectură detestă Literatura Comparată! La drept vorbind, nici pe noi nu ne interesează comparația cu alți cititori. Nu vrem să știm nici care dintre ei citea mai repede, nici dacă urmăreau rândurile cu degetul și nici cine a rămas la jumătate și cine a terminat-o într-o singură noapte.

De două ori.

Femeia lectură face adesea fotografii ca niște semne de carte. Să știi unde ai rămas.

Oricât ești de bun, lecturile paralele sunt o mare provocare! Pentru că lecțiile pe care le înveți dintr-o carte nu se potrivesc în cealaltă și, în general, ești prea epuizat (intelectual, desigur) ca să poți face față pe termen lung.

Femeia jucărie

Nu e curios cât de plină de semnificații poate să fie o femeie în pielea goală?

Femeia e jucăria pe care o vrea copilul din mine.

Una foarte inventivă. Nu m-ar mira să apară într-o zi cu un autogen în dormitor. Sau cu un flex: Dragule, vreau să măresc fereastra.

Nu contrazici o femeie cu un flex în mână.

#necenzurat

> FEMEIA E EXPERIMENTUL CARE NU IESE DE DOUĂ ORI LA FEL CHIAR DACĂ TOATE CONDIȚIILE PAR REPRODUSE PERFECT.

Are propriul ei timp probabil. Spune: Probabil o să-mi fac timp și pentru asta.

Are propria logică și propria limbă care doar pare la fel cu a noastră, dar nimeni n-a făcut un dicționar al ei, pentru că sensul unui cuvânt nu este niciodată același la prânz și mai pe seară.

Uneori, cred că are și propria geografie, dar e imposibil să găsești pe hartă punctul G acolo unde știi că l-ai lăsat ultima dată. Nu poți să-ți notezi, așa că tot descoperi.

Femeia înseamnă pericolul suprem. Toți băieții ăia care se urcă pe clădiri n-au găsit femeia potrivită. Nu le mai trebuia nimic. Îi făcea fata să se urce pe pereți. :))

Femeia dansează când merge și cântă când țipă. În fine, contează și unde merge și de ce țipă, dar să nu ne legăm de detalii. Sau să ne legăm, că ea mereu o face!

Uite un detaliu: femeile se dezbracă mult mai frumos decât bărbații.

Chiar și începătoarele. Stângăcia lor e fermecătoare. A noastră e doar comică.

Când iese prima dată sub ochii tăi din haine, zâmbești ca la zece ani, atunci când ai văzut prima dată trucul cu iepurele scos din pălărie.

E magică.

Când dragostea ți-a trecut e tragică.

Era frumoasă ca Pământul Făgăduinței, apoi parcă era Moldova pârjolită și pustiită înaintea turcilor. Atunci se otrăveau fântânile. Acum se aruncă vorbe. La fel de otrăvite.

Desigur, să te cerți cu o femeie dezbrăcată înseamnă să o lași să trișeze.

Femeia întrebare

Întrebarea: Încotro se îndreaptă relația noastră? Când ai auzit-o, ești deja în decor!

Întrebarea: Unde pleci? Care înseamnă, de fapt: Stai acasă.

Femeia întrebare bate la scor orice tip de interogatoriu tip Gestapo: ea poate să-ți pună întrebări încrucișate sau să joace Good cop, bad cop fără să mai fie nimeni altcineva de față.

Dacă ajungi să locuiești cu ea, ar fi bine să nu-ți mai pui și alte întrebări. De-abia o să ai timp să-ți pregătești răspunsurile.

În viața casnică, cel mai mic interval de timp măsurabil este între momentul în care ai băgat lingura în gură și momentul în care te întreabă dacă-ți place mâncarea. Dacă nu răspunzi prompt, înseamnă că mă-ta o făcea mai bine.

Să vizualizăm o femeie întrebare la care răspunzi de drag. Că la întrebările acre bărbatul învață încetul cu încetul să nu mai răspundă. Să le evite.

...

Locuiești singur?

Suntem doar noi aici, altfel nu te-ai lăsa dezbrăcată.

Ce repede mi-ai scos sutienul...

L-am mai scos, zâmbesc eu.

Ai mai scos multe, se încruntă ea.

Îți place?

Da, dar...

Pare că eu întreb. Ce eroare! Afli mai multe de la un bărbat care întreabă decât de la unul care răspunde. Cu un bărbat care întreabă afli ce vrea să știe. Iar ce vrea să știe e mai important decât ce știe. Să știi ce știe înseamnă să știi cine este. Să știi ce vrea să știe înseamnă să știi cine vrea să devină...

Întâlnirile în oraș mi se par o pierdere de timp pentru vorbe. O zăbală pentru trup. Nu poți să faci nimic. Nu poți să vorbești deschis. Te aud oamenii.

Suntem doar noi aici, altfel n-ar putea avea loc discuția asta. În cele mai multe locuri pe care oamenii le consideră potrivite pentru discuții nu se vorbește nimic din ce-i interesează cu adevărat.

Suntem doar noi.

Sau nu suntem?

Încotro se îndreaptă relația noastră?

V-am spus că asta e întrebarea la care niciun răspuns nu e bun.

Nu. Nu suntem doar noi.

E plină camera de bărbați și de femei.

De regrete și de temeri.

Știu că n-am greșit cu nimic și mai știu că pe ei nu i-ai întrebat. Îmi vine să-i iau la pumni, dar ei sunt doar spectre, iar eu sunt în chiloți. Mi-ar veni să râd de mine, de noi, de fricile noastre. Dacă nu mi-ar veni multe altele.

Ca un elev prins cu lecția neînvățată sunt pe cale să-i răspund repetând întrebarea.

Pentru astăzi am avut de pregătit...

Relația noastră se îndreaptă spre...

Tuzla?

Un grup de oameni nevinovați?

Spre sfârșit?

Noi toți ne îndreptăm spre sfârșit.

La naiba! Eram atât de excitat înainte să intre toți ăștia în cameră. Pe câțiva îi cunosc. Mi-a povestit despre ei. Le-am dat și porecle. Eram atât de excitat și acum uite! Cum privește și ea în pământ, ca și când nici ea nu și-a învățat pentru astăzi!

La douăzeci de ani credeam că întrebarea asta vine doar când lucrurile merg prost. Acum știu că intervine când lucrurile au mers prost. În alte vieți.

Femeia se reîncarnează mereu în altă iubită. A altui iubit. E mereu diferită și mereu aceeași. Și unele gânduri merg dintr-o viață într-alta.

Îmi vine să spăl cu ea pe jos din două vorbe, dar e deja curat parchetul. L-a spălat ea. Îmi vine să-i spun că nu e corect să-mi pună mie întrebarea asta, din cauză că a suferit cu alții.

Vreau să-i cer să-i dea pe toți bărbații din viața ei afară din viața noastră.

Nu pot.

Femeile din viața mea deja și-au pregătit o cafea și mă bârfesc pe canapeaua din living.

Cum or fi încăput toate pe canapea? Viața nu e la fel de extensibilă.

Plătim greșeli pe care nu le-am făcut?

Răspundem la întrebări pregătite pentru alții.

Uite, ia niște vin.

Nu știu încotro se îndreaptă relația noastră, dar seara asta se îndreaptă către o noapte de somn.

Ai voie să visezi ce vrei tu.

Eu nici când eram mică nu dormeam după-amiaza. Când mama mă certa, îi spuneam că nu vreau să-mi irosesc viața dormind... Așa cum nu vreau acum să-mi pierd timpul cu cine nu trebuie...

Am ieșit deja în decor? Nu. A venit cu un geamantan de monștri. Îi aud cum mârâie și nu am niciun chef să mă lupt cu ei.

Îi chem un taxi.

În cinci minute o sun.

Unde ești?

La cinci minute de casă.

Vreau să te întorci.

N-am bani și pentru drumul înapoi până la tine.

Plătesc eu.

Tu n-ai ani pentru ce vreau eu de la tine.

Serios? Și de câți ani ai nevoie tu, mă rog?

De toți.

Femeia care va fi mereu părăsită. Și de ce

Acest tip de femeie nu e părăsită pentru că greșește. E părăsită pentru că nu greșește. N-ai niciun motiv să te cerți cu ea. Niciodată. E fadă ca o profesoară de fizică la menopauză. Bărbatul are nevoie de chimie.

Un cuplu în viață e ca un cuplu de actori pe scenă.

Acest tip de femeie e actorul care nu-și uită niciodată replica. Și o dă mereu la fel. Cum știe că e bine. Ai o sută de reprezentații identice. Nu poți să crești ca interpret al unui rol dacă actorul care-ți dă replica nu trage de tine. Nu e bătăios. Nu e un pic egoist. Nu vrea să-ți fure lumina.

Era o vorbă care sună mai bine în spaniolă, dar o voi traduce, după slabele mele puteri, cam așa: Dacă femeia nu cheltuiește, bărbatul nu progresează.

Ați ghicit. Nu e vorba de bani.

Orice bărbat va pleca de lângă o femeie care nu îl solicită.

Femeile acestea sunt ca niște case: unde le pui, acolo le găsești. Interiorul nu are cum să te suprindă, pentru că știi ce-ai pus în fiecare cameră.

E normal să preferi... o vizită.

Și pentru că sunt ca niște case, ele sunt mereu părăsite. Și rămân fără rost. Pentru că o casă care e a nimănui e doar un spațiu.

Spre deosebire de alte femei, uneori superficiale, alteori de-a dreptul curve, dar de cele mai multe ori doar foarte conștiente că nu poți să te bucuri de noi atunci când îl sacrifici pe eu.

Acelea nu sunt părăsite. De ele te desparți. Și după ce-și plâng lacrimile sunt și mai frumoase.

Și după ce-și învață lecțiile sunt și mai atrăgătoare.

Pe când o casă...

Tot îi crapă pe la colțurile ochilor tencuiala pe care și-o pune ca să-i ascundă nefericirile. În loc să le rezolve.

O casă nu învață nimic în timp. Doar îmbătrânește.

Așa că înainte să te plângi că te simți pe locul doi, amintește-ți cine a început.

Femeia care rămâne veșnic o fiică

Sau, pe românește, fata lu' tata.

Există femei care nu se nasc decât pe jumătate.

Ele nu sunt chiar o persoană,

Sunt un fel de jumătate de pui cu garnitură de cartofi prăjiți.

Sunt acele femei care se consultă cu familia în aproape orice decizie. De fapt, rar iau vreo decizie. Consiliul de familie ia decizia pentru ele.

Era și un banc: Domnișoară, dansați?

Stați puțin să merg să o întreb pe mama.

Întreab-o și dacă te fuți, să nu faci două drumuri. :))

Sunt și pseudomasculi în această situație. Iar la bărbați e mai penibil.

Să revenim la ne... născută.

Când o iei (ghinionul tău), tu nu te însori cu fata, ci iei în casă surori, frați, cumnați, mătuși și, mai ales, te mai alegi cu un tată și o mamă.

Wow! Ce afacere! Zece la preț de una!

O vreme s-ar putea să-ți placă: mai gătește soacră-ta, că doar știe ce are acasă, mai scoate tatăl adoptiv niște bani pentru un frigider, o mașină nouă de spălat, dar dacă mergi mai departe, ești pierdut.

Simți că stai cu ei în casă și atunci când nu sunt acolo. Discuțiile de genul: Știi, dragule, hai să ne plimbăm ca doi îndrăgostiți și să-ți povestesc ce m-a învățat unchiul Cutare.

Și vă plimbați ca doi îndrăgostiți, deși tu știi bine că nu mai sunteți. Pentru că ai senzația că te plimbi de mână ca la Țară-țară vrem ostași… cu vreo cinci oameni.

Știu că mă repet, dar prea se potrivește: Dacă tot vrei o jumătate, alege-ți una întreagă.

Una cu care, când te atingi, formezi un cuplu, nu simți că intri pe un teren de fotbal cu zece coechipieri.

Una care știe să păstreze și secretele pe care nu i le-ai spus.

Nu-ți lua una căreia îi e frică să țipe în pat, să n-o audă, Doamne ferește!, cineva. Ia-ți o femeie care nu se sfiește să ridice tonul când te apără chiar și în fața celor care i-au dat genele!

Un bărbat nu poate să iubească o femeie pe care nu o respectă!

Nici una pe care nu o cunoaște.

Ce iubești atunci la ea? Iubești cum te face să te simți?

E ca o pernă erotică bio.

Să ții o femeie pe care nu o poți respecta, în primul rând înseamnă că nu „te respecți".

Așa se zice la noi, la români: Mi-am luat mașina, casa, sticla asta de tărie, pentru că „mă respect". Dar la femei, am luat-o pe toanta asta, că de atât mi-au ajuns banii.

De ce ai face un copil cu o femeie pe care n-o respecți? Să-ți strice genele?

E cuminte și supusă pentru că știe că nu poate mai mult. Ești zeul care s-a aplecat asupra ei din milă. Ai grijă să nu mai ceară o a doua opinie. Cine știe, poate nici n-o să strice genele tale și o să fie ca-n poezia aceea:

Trage popa căruciorul
Cu băiatu-i scump și drag.
Nu-i al lui moștenitorul,

Da' nu-mi place să mă bag.
Ce ți-e, Doamne, cu amorul...
Unii-l fac și alții-l trag. :)))

Mai aud pe câte unii: o să-mi iau una de casă și o amantă frumoasă. Mi se pare ca la tuning. Cumperi o mașină ieftină și încerci să o transformi în supercar. :)) Mai bine îți iei una ca lumea din start.

Și, de altfel... Nu poți în veci și pururi să iubești un bărbat pe care nu-l respecți.

Nici măcar pe unul de care nu te temi un pic, ca atunci când ai o sabie japoneză pusă de ornament, dar despre care știi că rămâne totuși o armă.

Pe bărbați îi iubesc cu adevărat femeile doar cât rămân cu o strălucire de fiară în ochi.

Un bărbat „supus“ e deja istorie. Și el e singurul care nu știe asta.

Prima dintre cele nouă povești care par să nu aibă legătură cu nimic

Lidia

În fiecare zi se ducea să repete la chitară departe de vecini, de nea Gelu, pentru care singurul instrument muzical era carburatorul de Oltcit, și de tanti Elena, supranumită în cartier Sue Ellen, pentru că bea mult.

Marius era sigur că locul lui de la marginea orașului era la fel de pustiu ca Deșertul Gobi, dar în ziua aceea, la marginea lanului de porumb, a apărut o fată.

S-a ascuns și a privit aproape fără să respire.

Ea a privit în stânga, apoi în dreapta, apoi în spate, de parcă se temea să nu fie urmărită.

Apoi a scos dintr-un penar două țigări, o brichetă albastră și un ciob de oglindă. Venise să studieze cum i-ar sta fumătoare.

Avea cel mult 15 ani și a venit trei zile la rând. Mereu cu două țigări și cu un plan. Într-o zi a exersat țigara absentă, în alta a jucat rolul unei fumătoare seducătoare și i-a văzut un umăr gol, în ultima a vrut să înțeleagă țigara „de după".

Deja vorbea liniștită, cu voce tare. O chema Lidia. Sau cel puțin așa își spunea.

Lidia, se lua singură la rost, așa ceva nu se poate! La lecția „Seducătoare cu țigară" te-ai înecat cu fum, la cea cu atitudinea absentă ți-a intrat fumul în ochi. Acum ce o să faci? Țigara „de după"? Cum n-ai cunoscut încă niciun băiat, o s-o numim Țigara „în loc de".

Convinsă că toată lumea fumează țigara de după în halat de baie, Lidia își adusese unul cu ea. S-a dezbrăcat repede, fără nimic erotic, apoi și-a împăturit hainele cu grijă. Halatul îi era mare.

Și-a scos țigările și oglinda și s-a tot privit.

Marius o privea și el ca și când ar fi vrut să rețină acel chip și să-i învețe corpul ca pe o poezie. La drept vorbind, corpul ei chiar era o poezie...

În a patra zi, s-a decis să iasă din ascunzătoare și să se prezinte. S-a gândit chiar ce melodie să-i cânte și a exersat la chitară până când nea Gelu a decis că merită o bătaie bună. A îndurat ca un martir al creștinătății.

Nimic nu era prea bun pentru Lidia, se gândea el mergând spre locul lui care devenise, într-un fel, locul lor.

Se simțea pregătit să-i vorbească în a patra zi.

În a patra zi, Lidia nu a mai venit.

Nici în a cincea.

Nici în următoarele două săptămâni.

După ce s-a terminat vara, a renunțat.

De uitat a fost mai greu.

Apoi a venit Revoluția.

În sfârșit, avea și chitara un rost.

Se întâlnea numai cu fete care fumau fără oglindă.

Era destul de ușor, pentru că acum el cânta într-o formație și cunoștea aproape numai femei care așa vedeau independența și egalitatea cu bărbații: copiind de la ei fix obiceiurile de care, dacă am fi sinceri, toți am prefera să scăpăm. Fumatul e cel mai puțin grav dintre ele.

Habar n-avea că Lidia nu se apucase de fumat, deci criteriul lui de selecție era o eroare.

Au trecut cinci ani în care amintirea felului cum își aprindea Lidia țigara la marginea lanului de porumb a așteptat ca un străjer adormit.

În seara aceea, tocmai se plictisea când Lidia a intrat cu un grup de prietene. În telenovele el ar fi tresărit și ar fi recunoscut-o. În realitate e altfel. Clubul era prost luminat, nu ar fi recunoscut-o nici pe mumă-sa.

Nu începuse nimeni să cânte, iar prietenele Lidiei au început să facă exact ce fac toți fumătorii când ies în oraș și se plictisesc, dar vor să lase impresia că se distrează. Au aprins câte o țigară, desigur...

Atunci, Lidia a vrut să demonstreze că și ea știe să se distreze sau, cel puțin, să se prefacă. Așa că a luat de la cineva o țigară, de la altcineva o brichetă, apoi s-a îndreptat fără să-și de-a seama ce face către una dintre oglinzile care făceau clubul să pară mai mare.

Dacă i-ar fi scris numele pe cer cu artificii și tot n-ar fi fost un semnal mai bun pentru Marius!

Din fericire, acum nu mai era genul care să aștepte până în a patra zi. În chiar dimineața aceea Lidia a avut ocazia să fumeze prima ei țigară de după. La cererea lui.

Nu avea halat de baie, dar i-a împrumutat o cămașă.

Apoi i-a povestit totul.

Era atât de ingenuă, atât de altfel decât toate clientele clubului unde cânta el. O stângăcie adorabilă.

Realiză că a așteptat-o cinci ani.

Că toate relațiile lui, chiar și aventurile care păreau fără niciun fel de miză, erau antrenamente.

I-a cântat ceva. Niște versuri inventate pe loc. Din când în când, revenea la o idee care i se părea revelația nopții: noi nu suntem ca alți oameni.

Cine ar fi putut să-i despartă?

Aud?

Nimeni?

Se abține cineva?

Cele mai frumoase revoluții sunt cele pierdute.

În primele trei luni comunicarea a mers perfect: n-au vorbit aproape deloc.

El așteptase căutând.

Ea așteptase pur și simplu.

Era primul bărbat din viața ei.

Din fericire, ea nu era prima femeie din viața lui, așa că nopțile nu erau speologie la secțiunea amatori – tineret – speranțe.

Speranțe aveau amândoi.

Ea învățase bine mereu, fără să se dea în vânt după ceva anume.

El trăise majoritatea lucrurilor despre care ea a citit. O generație grăbită.

Într-o dimineață ca oricare alta a început sfârșitul, iar elementul care l-a declanșat este unul foarte frecvent. Mai precis, ea s-a hotărât să îl păstreze.

Bărbații și femeile au stiluri complet diferite când iau o astfel de decizie. Pentru că nu poți să păstrezi în viața ta un om pe care nu-l cunoști, începem să facem asta. Noi, întrebând direct. Ele, ca niște detectivi, încercând pe ocolite să afle de la prieteni și nu numai. În general, orice om din jurul bărbatului este o sursă de informații. Pentru că ele sunt convinse că noi le-am spune numai minciuni, sunt gata să ia de bune minciunile altora.

Sunt femei care s-au prins că au fost mințite de prietenii iubitului abia după ce au trecut prin paturile lor.

Femei care au renunțat la planuri de viitor pentru că li s-a părut că nu pot să concureze cu trecutul.

Și femei care, deși au avut toate datele problemei, au eșuat incredibil.

Artiștii sunt înconjurați de curteni și de fani care vorbesc despre ei tot timpul. Așa se validează. Îl cunosc pe cutare. Am băut cu el. A fost trei zile cu soră-mea. I-am făcut un oral în mașina lui, are covorașe din mochetă roșie. Ce ciudat.

De la genul acesta de oameni ea a aflat într-un timp foarte scurt că Marius a ieșit numai cu blonde. Ea nu era.

A stat mai mult numai cu dezinhibate care dansau pe mese. Ea nu știa să danseze nici pe suprafețe mai clasice.

Și nimeni nu-l văzuse vreodată cu o fată cuminte.

Până acum.

Lupta i s-a părut inegală. Dezinhibatele erau așa de interesante.

Când se pregătea să iasă pe scena mică din clubul plin de lume și de fum (lumea și fumul tind să fie același lucru) Marius nu era pregătit pentru șocul care îl aștepta la prima masă din stânga, locul unde trebuie să stai dacă vrei să fii lângă chitariști.

Lidia era blondă, cu un piercing în buric și un început de tatuaj pe spate, aproape de mijloc, tipul tramp stamp.

Fuma cu altfel de gesturi și stătea la masă cu două dintre foste.

Era incredibil cât de mult semăna acum cu ele.

El ar fi putut să întrebe.

Ea ar fi putut să-i explice.

Niciunul n-a făcut-o.

Pentru el era doar dovada că nici poveștile cu zâne nu există.

O iubise pentru că era atât de diferită, fusese, credea el, o alegere.

Acum îi era clar că ingenuitatea ei fusese o întâmplare. Și pe întâmplări nu prea poți să te bazezi.

Așa că a continuat să o caute pe fata cu ciobul de oglindă și două țigări. Dar în alte femei. Îi era clar că fata aceea se părăsise pe ea însăși.

Dacă vrei să te căsătorești, îți trebuie un arhitect, dacă vrei cel mai bun sex din viața ta... un om fără suflet.

Un adevăr nepopular: toate, dar absolut toate femeile și-au dorit o noapte de sex hardcore cu un bad guy. Cele mai multe au și avut-o. Și nu, nu de actualii lor soți sau prieteni e vorba.

Bărbații n-au faza asta. Dacă știm că femeia are o experiență mult mai vastă și mai picantă decât noi, treaba asta ne deranjează. Pe femei le motivează.

Și aici vine defăimarea, care în cazul nostru e fix restabilirea adevărului.

Chiar este sexul cu un bad guy mai bun?

De cele mai multe ori, da.

E meritul lui?

NU. E meritul femeii care e orbită de reputație ca pisica de faruri. Pisica nu mai distinge mașina în așa hal încât nu își mai dă seama nici dacă merge sau s-a oprit! La fel nici femeia. Ea vrea să-i demonstreze lui că nu e o fată cuminte. Și va face tot ce crede ea necesar pentru asta. În cazul în care e căsătorită, ea va face tot ce nu face cu soțul.

Nici aici nu e meritul lui. E meritul orizontului de așteptare.

#necenzurat

NICIO FEMEIE NU ȚINE SĂ PĂSTREZE APARENȚELE FAȚĂ DE UN BĂRBAT CU CARE NU SE VA MAI ÎNTÂLNI NICIODATĂ.

Acasă însă... e altceva. A doua zi la micul dejun există riscul ca soțul să se uite la tine, să-și aducă aminte noaptea, apoi să se uite la fiul vostru până ajunge la concluzia că nu-i seamănă.

Și ultimul motiv este cel din titlu. Mai pe șleau,

Unul dintre secretele virilității este să-ți controlezi bine emoțiile. Ceea ce e foarte ușor când... nu le ai.

Mda, poate e prea pe șleau. Din fericire, abia mâine vor suna telefoanele, că e duminică seara și dansăm în familie.

Să nu dăm doar în alți bad guys, să terminăm, democratic, cu subsemnatul. Ați auzit replici de genul „de obicei nu fac asta"? Sigur că da. De la cei care fac atât de des „asta" încât nici nu mai știu exact de câte ori a mers și de câte ori nu. Ce știu sigur este că a mers.

Da. Merg. Chiar foarte bine. Pentru că nici la fotbal nu dai gol dacă nu tragi la poartă...

Când eram un tânăr entuziast, reușeam fără probleme să conving pe oricine că aveam relații de scurtă și foarte scurtă durată pentru că îmi căutam sufletul pereche și că, din nefericire, nimeni nu se ridica la înălțimea așteptărilor. Desigur, nu o ziceam doar așa, că mi s-ar fi turnat mii de pahare în cap. Culmea este că printre atâtea relații fast-food, adevărate sprinturi emoționale, ajunsesem să cred și eu ce spuneam.

De aici a venit cea mai mare surpriză. Era, de fapt, adevărat:

Datoria mustangului nu este să se îmblânzească singur. E treaba cuiva să pună șaua pe el.

Un bărbat rareori decide când să se cumințească. Dragostea îl face să-și restrângă cercul nebuniilor la o singură femeie. Cumințenia de dragul cumințeniei este o nefericire autoimpusă.

O femeie, oricât de cuminte ar fi, are pasiuni despre care se ferește să vorbească, așa cum una, oricât de nebună, are mai devreme sau mai târziu un moment în care își dorește atât de mult un bărbat încât e gata să plătească pentru el un preț foarte piperat: renunțarea la toți ceilalți.

Bunele maniere sunt altele decât cele pe care le știi tu.

Femeia e mai puțin deranjată de proasta reputație a unui bărbat decât de posibilitatea ca el să nu aibă niciun fel de reputație.

Ce poți să citești într-un caiet gol?

Ce femeie și-ar lua un bărbat dictando?

Sau ce bărbat o femeie „de matematică"? Cu pătrățele și tabla înmulțirii pe spate.

Tatuată.

Spune: Cum să am eu încredere în tine când știu ce-ai făcut?

Răspund: Preferai să nu știi?

Spune:Ba nu, am vrut să știu tot, doar că mă așteptam ca tot ăsta să fie mai puțin...

Așa sunt ele. Vor să ai experiență multă, dar iubite puține. Să fii aventuros, dar statornic. Să ai poante, dar să nu iei totul în glumă.

Muza: Deja iei totul în glumă!

Nu. E o listă pe care aproape orice femeie ar da-o la aprobat lui Moș Crăciun dacă ar aduce și bărbați, nu numai jucării. Uneori nu e nicio diferență.

Femeia își dorește excesul experimentat în condiții de maximă siguranță.

Vrea ca aruncarea în gol de la trei mii de metri, fără parașută, să vină cu garanția că nici măcar oja de pe unghii n-o să-i sară la impactul cu solul. Vrea ca trecutul tău să-i justifice încrederea în tine pentru viitor.

Noi, bărbații, nu avem foste, avem antecedente.

Nu poți să scoți o promisiune din gură fără să te temi de replica: așa le spui tuturor. Așa suntem condamnați să mințim. Și dacă tot am mințit o dată despre trecut, nu ni se mai pare grav să o facem când vine vorba de prezent și păstrăm opțiunea asta și pentru viitor...

Din când în când însă ne apucă! Mărturisim tot, cu orice risc. Sinceritatea este așa o terra incognita.

Cum se întâmplă seXlectivitatea?

Femeile sunt adesea ființe practice care selectează bărbații cum merg românii la alegeri: încerci să votezi cu răul cel mai mic, dar dacă mai vine câte unul și îți spune că nu știu ce melodie e melodia voastră... când el te cunoaște de cinci minute... trebuie să fie extraordinar de frumos ca să treci așa o ciungă-n păr cu vederea!

Bărbații seXlectează mult mai simplu. Noi ne măsurăm succesul în femei, fiind convinși că

Fiecare popor are istoria pe care o merită. Și fiecare bărbat... soția.

Urăsc să spun asta, dar femeile sunt încă departe de a fi în aceeași situație. Ele încă mai acceptă prea multe și așteaptă prea mult, așa că multe nu-și trăiesc viața. Lor viața „li se întâmplă".

Există un mit al femeii care alege. Un mit cultivat de reviste pentru femei, pe care nimeni nu le-ar mai citi dacă toți am fi fericiți și conștienți în primul rând că suntem cine suntem.

Pentru câte dintre femei e valabil acest „bărbatul propune, femeia dispune"? Revistele tac mâlc când vine întrebarea: Și dacă nu propune nimeni nimic vreme de un an?

Încrederea și respectul de sine scad. Și adesea o viață întreagă e compromisă pentru că validarea bărbatului e dată de câte femei i-au cedat și cea a femeii de câți bărbați au încercat.

Aș propune ca de mâine să învățăm să mai ținem cont și de valoarea lor.

Bărbatul se va îndrăgosti de o femeie pentru că e frumoasă, dar va rămâne cu ea pentru că e deșteaptă. Pentru o viață îți cauți partener de drum, nu încă un bagaj.

Știi genul acela de cuceritor care n-a luat BAC-ul?

Care are maximum trei replici de agățat, toate copiate de pe internet?

Genul același compliment, altă femeie? Una e să te simți prinsă în vrajă... și alta să te prinzi de vrăjeală. E mare diferența.

Ca bărbat, recunosc deschis că e mai ușor să faci același compliment în fiecare zi altei femei, decât să vii cu alt compliment în fiecare zi... pentru aceeași femeie.

Ea trebuie să aibă în vene sânge de muză.

Respirația ei lângă perna ta să te facă un mare poet, dar asta e puțin probabil să se întâmple dacă n-ai citit în viața ta nicio carte.

Oricât de monstruos simți, ți se umezesc ochii de ciobănesc german și nu ești în stare să legi două vorbe. Și totuși,

#necenzurat

> O FEMEIE DEŞTEAPTĂ NU IESE CU BĂRBAȚI FRUMOŞI DAR PROŞTI, PENTRU CĂ EXISTĂ VIAȚĂ ŞI DUPĂ SEX... ŞI PE ACEEA NU ARE CU CE SĂ ŞI-O UMPLE.

Era o glumă feministă: Sunt două feluri de femei: unele n-au avut orgasm niciodată, celelalte nu recunosc.

Sigur, e o tâmpenie cât casa, dar un dram de adevăr mai spune și gura unui prost: se mai întâmplă ca o femeie să aibă al treilea copil înainte să fi avut primul orgasm. Noi, bărbații, înțelegem că ele au nevoie de mai mult și ne imaginăm că acest mai mult înseamnă doi centimetri în plus sau mai mulți bani. De cele mai multe ori înseamnă două minute în plus la preludiu și mai multă... atenție.

Așa se face că mi se pare riscant să alung cu sfaturile mele o femeie fericită din poala fericirii unde este ea ținută de omul ei acum.

Așa cum muzica e un limbaj universal, atracția fizică nu prea are nevoie de explicații. Poți să nu știi boabă de chimie dacă te ajută fizicul.

Nu poți să rămâi într-o relație în care doar sexul funcționează pentru simplul motiv că aia nu e o relație: e one night stand în serie!

Relația presupune un grad de expunere: măcar să nu simți că s-ar putea să-i cam fie rușine cu tine, dacă nu se poate chiar să se mândrească.

O relație ai atunci când sâmbăta seara te scoate în oraș sau cheamă prieteni pe la voi, nu atunci când îți dă prin SMS numele hotelului și numărul camerei.

Se ceartă des, mai ales de când s-au mutat împreună? Pentru ca un bărbat să se certe cu o femeie, trebuie mai întâi ca părerea ei să conteze pentru el. Altfel o lasă-n plata Domnului să se certe singură!

E ceva ce o femeie nu poate să înțeleagă. Pentru femei părerea oricui contează suficient cât să merite pițipoanca vreo două vorbe să o usture.

El vrea să plece să muncească „afară" și ea deduce din asta că nu ține la ea? Of, Doamne, înseamnă că omul are viziune și poate chiar că se gândește mai mult la viitorul lor decât își închipuie ea. Desigur, sunt mulți care au plecat și duși au fost. De ambele sexe.

Una peste alta, probleme cu familiile avem mai toți, prietenii zic ce vor, uneori ajută, alteori nu, dacă stai și te uiți la toate problemele și le notezi cu X se umple lista și nu mai vezi lucrurile bune.

Cu excepția sexului. Acolo, când ești cu ochii închiși, vezi totul clar. Poate n-ar strica să-i deschizi mai des.

O zic direct, că altfel doare mai tare: sexul de calitate e o raritate.

Suntem generația touch screen mai mult decât touch each other.

Generația fast food, fast sex, wash & go.

Generația care are acces la toată înțelepciunea lumii via internet și totuși se uită a zecea oară la un film de acțiune de categoria B.

Ducem vieți de categoria B. Din alegere sau din cauză că nu înțelegem că există alegere. Trebuie cineva să vină să ne dea test. Libertatea ca un test-grilă, liniat frumos să nu se vadă gratiile.

Ne lamentăm. Vedem atât de bine problemele, în detaliu, încât nu mai avem timp de soluții.

Așteptăm. Să vină omul providențial pe care să-l alegem, dar nimeni nu pare dispus să aleagă să fie un om providențial pentru el însuși.

Nu ar fi păcat să rămânem în amintirea lumii drept generația care ia antidepresive ca să scape de efectele nefericirii, în loc să ia decizii ca să scape de cauzele ei?

A doua poveste care pare să nu aibă legătură cu nimic

Când iubești pe cineva, îl iei cu totul. Cu angoasele, cu pasiunile și cu toate excentricitățile. În plus... la unii oameni chiar și calitățile sunt greu de suportat... Stătea singură la cafea și se întreba cum naiba a dat tocmai ea peste un rocker căruia să-i placă florile! În ghiveci! Și cam pretențioase.

Îi venea să-l sune și să-i spună că ar fi preferat să colecționeze timbre, să se uite la wrestling sau chiar să practice! Dar begonia aia roșie pe care i-a oferit-o era ca un copil nedorit. Un simbol inoportun. O responsabilitate de care ea chiar nu avea nevoie. De ce să-i aducă o floare în ghiveci tocmai ei? Când era copil și plecau părinții de acasă, uita de ghivece cu săptămâna... apoi le îneca în litri de apă când sunau să spună că se întorc...

Begonie stupidă... cum se poate să se usuce la cât de hidratată era? Băltea efectiv de câtă apă i-a pus și totuși arăta ca un copac din Hiroshima după căderea bombei...

O privise cu ură și-i strecurase printre dinți: proasto!

Își trăsese apoi blugii pe curul cel minunat, se înfipsese în cizme și ieșise pe cel mai crunt viscol în bulevard. La prima florărie aveau crăciunițe, brazi pitici, plante ornamentale mai grele decât ea, în ghivece uriașe mai grele decât el..., dar begonii? Nu!

La a doua florărie nervii o lăsaseră deja și s-a certat cu vânzătoarea, o idioată care îi tot arăta o „sorcovă" care semăna cu o begonie...

E din aceeași familie, domnișoară...

Îi venea s-o jignească, să-i spună că e din aceeași familie cu mă-sa! În loc de asta a spus doar: pare ruda de la țară!

S-a întors enervată și a început să caute pe net. Asta trebuia să facă din prima! El trebuia să sosească dintr-o clipă într-alta, iar ea avea moarta în casă!

Simbolul iubirii era uscat într-o baltă de regrete.

A sunat-o că ajunge într-o oră. Din fericire, tipii de la florăria online au zis că vin în 45 de minute…

Era salvată! Dar dacă era trafic? Dacă ajungeau în 59 de minute și dădeau nas în nas cu horticultorul?

Au întârziat zece minute, dar se simțea minunat. Era ca în filme, când taie genistul firul roșu cu o secundă înainte de explozie.

După ce decartase o șpagă generoasă curierului, aruncase repede cadavrul la ghenă, apoi se apucase să desfacă pachetul.

Sunetul strident al interfonului nu putea să pice mai prost pe nervii ei care acum cedau de-a binelea: begonia adusă de curier era roz!!!

…Iar pe cutie, unde trona o poză cu o begonie roșie ca focul, scria clar: *Imaginea este cu titlu de prezentare.*

I-a deschis, l-a dus direct până la pat, apoi a insistat să meargă să mănânce în oraș. Pe viscolul ăsta? El chiar nu avea niciun chef…

Dar nu am nimic în frigider!

Comandăm o pizza?

Încă 45 de minute de prelungiri. De… plăcere… De sex…

Era complet deshidratat, dar ea a sărit ca arsă când l-a văzut că pleacă spre bucătărie:

Stai aici că te servesc eu… Meriți!

Ba tu meriți!

Dar mie nu mi-e sete! glumi ea…

Și totuși… cât poate să întârzie o pizza?

Mâncăm în sufragerie?

Prea târziu, era deja în bucătărie și contempla begonia veselă, înflorită ca la balamuc și foarte-foarte roz.

Dar nu era deloc supărat, din contra, zâmbi cu zâmbetul acela ușor tâmp de îndrăgostit. Apoi minți execrabil: Ai văzut, draga mea? Floarea de la mine și-a schimbat culoarea de la soarele puternic de pe strada ta...

A dracului cum era, ar fi plusat cu tupeul și i-ar fi zis: hmm, din roșu în roz? Oare asta înseamnă că mă iubești mai puțin? Dar colțurile gurii n-o lăsau să vorbească. Zâmbea cu gura și cu ochii știind că era iubită așa cum e, de chiar bărbatul pe care îl iubește.

Din păcate așa e, de cele mai multe ori, doar în relațiile neoficializate. Soții găsesc atât de multe să-și reproșeze. Ei cred că își optimizează relația. De fapt, o distrug.

Cred că-și „personalizează“ partenerul. De fapt, îl îndepărtează.

Paradoxurile presiunilor sociale

Fericirea e opțională. Căsătoria e obligatorie

Te vor întreba multe: Cum? Până la 35 de ani nu ești căsătorită?

Însă nimeni n-o să te întrebe: Cum de ai 35 de ani și până acum n-ai fost fericită?

Mulți îți vor zice: N-ai până la vârsta asta un copil?

Nimeni însă n-o să se mire că nu ai altele: o pasiune, de exemplu. Ceva care să dea sens.

Lasă, mamă, că o să-ți dea copilul un sens de n-o să-l poți duce!

Așa e. Un sens giratoriu.

Scopul ne definește mai mult decât talentele.

Slăbiciunile ne definesc mai mult decât aparențele.

Ce este copilul pentru un om care nu știe nici măcar ce vrea să facă, știe doar ce vrea să aibă?

Acel părinte nu e altceva decât un loz care în aparență nu e chiar necâștigător pentru că pe el scrie... „mai trage un loz".

Paradoxul cel mai mare este că nu familia presează cel mai mult. Cea mai mare presiune socială este a grupului generației tale.

Mereu ați făcut lucruri împreună. Acum, majoritatea s-au căsătorit, și o vacanță cu trei cupluri căsătorite e destul de aiurea pentru un cuplu în care evenimentul nu s-a întâmplat. Nu mai zic dacă ești singur(ă).

Mereu ați vorbit despre orice vă trecea prin cap. Acum ei au copii și numai despre ei vorbesc!!

Generația ca un val. Noul iPhone, noul job, nou-născutul. Toți trebuie să avem câte unul!! Altfel ieși din grup!

Ca valul acesta au mai fost multe. Oameni care să se desprindă din acest dans al fetelor de la Căpâlna și să se uite de curiozitatc undc ducc trenulețul sunt, din păcate, mai puțini.

Da, poate o să vorbești mai rar cu prietenii pe care „i-a luat valul“, dar s-ar putea să fie bine. Dacă nu pot să te placă diferit de ei, înseamnă că nu te-au plăcut niciodată, erai un fel de oglindă în lift, în care își verificau ținuta.

Da, poate că nu o să mai aveți subiecte comune. Dar asta s-ar putea să fie bine atunci când acestea ar fi fost frustrări comune, neîmpliniri comune, regrete la indigo.

E minunat să ceri o femeie în căsătorie. Paradoxal, ești în genunchi la picioarele ei, dar te simți deasupra tuturor.

E superb să zici DA. Asta când chiar îți dorești să zici da.

E foarte frumos să faci un copil, dar nu atunci când „toată lumea are unul“, că nu e Yorkshire terrier!!

Știi de ce?

Pentru că ăsta e paradoxul presiunilor sociale și va fi clar din toate exemplele care urmează:

#necenzurat

CHIAR DACĂ DE MULTE ORI SIMȚI CĂ IEI DECIZIILE DIN VIAȚA TA ÎMPREUNĂ CU ALȚII, DACĂ NU IESE BINE, O SĂ-ȚI PLĂTEŞTI GREŞELILE SINGUR.

Una dintre ele, pe care femeia de treizeci o știe prea bine, este super-selectivitatea. La treizeci, te gândești vrând-nevrând dacă nu ai fost prea selectivă. Și noi, bărbații, facem asta, dar, în general, noi ne repliem mai bine.

Toți bărbații au câte una care le-a scăpat și toate femeile au câte unul despre care se mai întreabă încă „ce-ar fi fost dacă?" Știți care-i culmea? Că bărbatul căreia i-a scăpat una mai încearcă un telefon, un e-mail, o vorbă când se întâlnesc pe stradă, un like sau un comment pe Facebook, dar femeia... neam! Ea gândește: Ne-am intersectat și am ratat, nici că vreau să mai dau ochii.

Mi se pare că noi, bărbații, chiar avem mai multă minte. Pe noi nu ne stresează atât de mult un refuz încât să nu mai punem încă o dată întrebarea. Peste vreo șase luni. Un an. La o ocazie când ea a băut și nu e cu soțul.

E imoral? Dar să stai să mănânci floricele la talent show-uri cu telefonul lângă telecomandă și să nu te atingi de nimic cu butoane, cum e?

Poate că bărbații sunt adesea axați pe cantitate. Nu neg. Iar femeile spun că sunt pe calitate. Ce nu pot să-mi explic însă este cum pot ele să evalueze calitatea unui bărbat când au cunoscut doar... doi??!! Trei?

Unele chiar stau cu privirea-n zare ca indienii americani, așteptând ceva ce nu sunt pregătite să vadă.

Ești prea selectiv când trec anii și deja ai mai mulți ani de singurătate decât ore de fericire. Să știi că lumea în care suntem noi toți nu e de vină pentru tot ce se întâmplă sau mai degrabă nu se întâmplă în lumea ta.

Ești prea puțin selectiv când nu-ți mai aduci aminte numele tuturor femeilor cu care te-ai culcat. Se scuză varianta în care nu mai știi sigur dacă au fost două Andree sau două Aline.

Ești prea selectivă când selecția nu se termină nici după ce ai ales. Când parcă îi vânezi greșelile. Să știi că, dacă te aștepți să întâlnești numai dezastre, vei reuși până la urmă... să le provoci!

Ești prea puțin selectivă dacă îți aduci aminte numele tuturor bărbaților cu care te-ai culcat, dar nu mai știi de ce te-ai culcat cu fiecare-n parte.

Da. Știu că e o surpriză de Moș Nicolae, dar femeile vor multe lucruri de la ghete. De la ale noastre. Să alerge după ale lor, să danseze, să ducă gunoiul. Noi vrem lucruri mai simple de la ghetele lor. Mai precis un loc între ele.

Poate că n-ar strica să acceptăm că nu e nimic rău în asta.

Nu știi ce mâncare-ți place până nu încerci mai multe. Prefer oricând o femeie care și-a trăit viața, uneia care s-a gândit mult la ce-ar fi fost dacă.

Pentru că lumea visurilor este ca un deșert plin de promisiunile unor oaze. Ca o mare ofertantă, smălțuită cu iluziile unor insule. E foarte frumos în vis, dar nu se poate trăi acolo.

Și încă un lucru pe care nu-l vor înțelege decât femeile: să știi că și babele cu zece pisici se cred unicorni.

Să fii o fată bună e rău. Pentru tine

Pentru că o fată bună înțelege.

Îi înțelege.

Pe cei dragi.

E și normal să-i înțelegi dacă-ți sunt așa de dragi, nu?

Atâta doar că „a înțelege“ se citește „a ierta“. Și oamenii pe care îi ierți îți arată aprecierea lor recidivând.

De ce e rău să fii o fată bună?

Pentru că o fată bună nu se supără.

Nu vorbește urât. Nu sparge lucruri.

Nuuu.

Nici măcar în situații când o fată rea ți-ar sparge fața.

Desigur, poate că nici pe cea „rea“ n-ai respecta-o. Dar în unele cazuri „să-ți fie puțin teamă ar fi suficient“.

Da, bărbaților le e teamă de fetele rele. Nu fizic. Ne e teamă de vorbele lor. Mai ales de cele pe care NU ni le spun nouă.

Bărbații nu știu să se răzbune prin vorbe.

Femeile parcă numai așa știu, iar bărbații sunt neajutorați în fața bârfei ca statuile sub găinațul de porumbel: când mai vrem să ne ajutăm unii pe alții, nu reușim să-l ștergem. Doar să-l întindem. :))

De ce mai e rău să fii o fată bună?

Pentru că nu știi să ceri.

Nici nu ai când. La câte ai de făcut.

Te gândești atât de mult „oare cum mă vrea el?“, încât nu-ți mai pui întrebarea „oare cum mă vreau eu?“.

Îți spun direct: toți bărbații te vor bună. Bună rău. Pe termen scurt așa gândim cu toții. Îți trebuie mult timp să cunoști sufletul unei femei, și pentru asta trebuie mai întâi să te convingă trupul să vrei să ajungi să-l cunoști.

E cinic?

Pentru *Povești nemuritoare* încercați la chioșcurile de difuzare a presei.

Suficient de scandalos, eu cred taman pe dos, că e foarte bine să fii o fată bună. Pe termen lung, nimeni nu vrea o relație cu o tarantulă. Nici copii cu o viperă.

Desigur, vei avea mult de pierdut pe termen scurt. Asta dacă nu înveți să te bucuri de nopți și să nu mai regreți variantele viitorului posibil. Ce nu s-a întâmplat, nu s-a întâmplat.

Da. E bine să fii o fată bună, chiar dacă vei avea adesea senzația că pierzi mulți bărbați.

Nu pierzi nimic. Unii apreciază, alții nu, într-o pură selecție naturală.

Te vei felicita la un moment dat că nu te-ai prefăcut scorpie. Nu de alta, dar cine se aseamănă se adună... și dacă te prefăceai prea bine, te trezeai măritată cu un scorpion adevărat.

Jocurile erotice și punga pe cap. Cum te înșală cu tine

Jocurile erotice trebuie să vină ca florile și complimentele.

Pentru că vrei să recurgi la ele.

Din păcate complimentele vin mecanic, florile, după ce am lipsit o noapte de acasă, iar jocurile erotice, când ne-am cam plictisit.

Ne scuzăm față de noi înșine: nu poți să mănânci aceeași friptură. Așa că măcar adăugăm altă garnitură.

Eu îi respect enorm pe oamenii care încearcă să-și „reaprindă pasiunea". E un soi de efort lăudabil, dar adesea inutil.

#necenzurat

> BĂRBATUL POATE SĂ-ŞI MIŞTE VOLUNTAR ORICE PARTE A CORPULUI, POATE SĂ ŞI LEVITEZE DACĂ FACE NU ŞTIU CE CHESTII OCULTE, POATE SĂ STEA MINUTE BUNE FĂRĂ AER, DAR ERECȚIA E „DE CAPUL EI".

Și atunci stingem lumina.

Ar putea fi oricine.

Dar tu vrei morțiș să știe că ești tu și strici totul vorbind. Și „pasiunea" dispare. Oops. Era pentru altcineva.

Femeile îmi vor pune poza pe păpuși voodoo, dar încă aștept să întâlnesc una care să accepte să intre la detectorul de minciuni și să răspundă cu „Nu" la întrebarea „Ți s-a întâmplat vreodată să faci sex cu cineva și să te gândești la altcineva?".

Câți oameni nu luăm lângă noi în pat, lângă omul care e deja alături?

Uneori, vin ca un gaz pe foc. Ne stimulează.

Alteori, vin ca o smoală de gânduri, din care nu ieșim. Inclusiv soacra, șeful idiot, ultimul om cu care te-ai certat. În loc să rămână afară, îi aduci cu tine.

Nici nu știu ce e mai trist, că nu știi să închizi ușa plăcerilor din trecut sau problemelor din prezent.

Spui simplu: nu mai merge. De parcă relația e o mașină de scris anii, care nu-l mai bate pe S.

Îi detest pe cei și cele care pleacă „din prima“, care nu luptă. Dar și cei care se încăpățânează să rămână într-o relație când nu mai are gust sunt greu de înțeles.

Primii sunt niște răsfățați care tot schimbă parteneri pentru o problemă care e de fapt la ei.

Din a doua categorie fac parte atât de multe dintre mamele noastre. Ale celor născuți în anii ’70, ’80, ’90… și nu îndrăznesc să dau în atâtea generații de sacrificiu.

Dar acum suntem în 2015. Dacă nu te scoli lângă femeia pe care ai visat-o, nu te-ai culcat în patul care trebuie.

O mai „aranjezi“ pe a ta? O faci școlăriță, polițistă, asistentă?

N-ai avut păpuși când erai mic de la sora ta? :)))

Ține minte că lenjeria intimă sexy, vinul, atmosfera, vacanțele, toate sunt lucruri care intensifică plăcerea.

Și zero înmulțit cu oricât dă tot zero.

Eu îi respect enorm pe oamenii care încearcă să-și „reaprindă pasiunea“.

Dar adevărul e că, pentru ca pasiunea să se reaprindă, ea trebuie mai întâi să nu se fi stins chiar de tot.

Slabe sau foarte puternice? De ce sunt unele femei singure la 30? Pentru că își permit

Presiunea socială are aici deplin ajutor de la natură.

Natura are ritmul ei și grăbește femeia.

„Ce-i îmbătrânește mai întâi unui bărbat?“

Răspunsul e: soția.

Unele femei (și nu, n-am spus unele pentru că ar fi o minoritate) consideră că mamele lor au dreptate. După treizeci, nu te mai ia nimeni. Așa că se fac luntre și punte să găsească varianta cea mai bună până la vârsta cea rea. Desigur, varianta cea mai bună este adesea mai puțin decât au sperat. Cu riscul de a pierde sute de cititoare într-o oră, voi spune foarte direct ce gândesc: dacă te-ai așezat „la casa ta“ cu „cel mai bun dintre cei insuficient de buni“, chiar dacă e mai puțin decât ai sperat, e mai mult decât ce meriți!

Poate că el chiar te-a ales pentru că te iubește și nu înțelege de ce ești nemulțumită de o mare parte din tot ce face. Nu știe ce să schimbe la el ca să-i fie prințesei bine. Când alteța sa n-ar vrea să-l schimbe pe ici, pe colo, ci direct cu altul. Este exact mentalitatea de chelneriță care a luat jobul ăsta temporar, în drumul ei către o carieră în actorie, iar acum se ceartă cu clienții și a învățat să joace un singur rol. Acela de femeie care are ce a vrut, deși adevărul e că are fix ce a vrut să evite.

Al doilea motiv pentru care adesea o femeie chiar face eforturi fizice și psihice să nu fie singură la treizeci de ani este încă și mai trist. A vrut o carieră, dar e clar că lucrurile nu merg în direcția dorită. Nu stă pe picioarele ei, are nevoie de un bărbat ca... 2nd job. Ba chiar, dacă se poate, are nevoie de bărbat ca de singurul job. Ce? Cariera de nevastă nu există?

Nu. Vorba unui prieten:

Dacă prostituția e ilegală pentru că e imoral să primești bani pentru că oferi companie, ar trebui să interzicem și căsătoriile din interes. Că sunt același lucru!

Sunt multe femei care încă nu s-au căsătorit la treizeci de ani. Cam tot atâtea care au divorțat până la treizeci.

Sunt singure nu pentru că nu le-ar vrea nimeni. Sunt singure pentru că își permit. Arată mai bine decât multe femei mai tinere și câștigă mai bine decât mulți bărbați.

Nu sunt nevoite, ca femeile pentru care căsnicia este apogeul carierei profesionale, să înghită multe.

Nu se simt presate și de foarte multe ori au o viață sexuală mult mai intensă decât a mamelor din lumea-ntreagă.

Da. Sunt oameni care le compătimesc fără să le înțeleagă sau le judecă fără să le cunoască.

Singurătatea este un medicament.

Întotdeauna apar manifestări neplăcute și nu ai cui să te adresezi. Dacă ai, înseamnă că nu ești singur.

Ne plângem prea mult de singurătate pe care o tot considerăm sinonimă cu lipsa unui om cu care să formăm un cuplu.

Parcă e o boală, o problemă socială pentru care nu se plătește șomaj, sau un păcat. SINgurătate.

Eu cred că suntem atât de conectați încât ar trebui să apară la televizor anunțuri gen: „Pentru sănătatea dumneavoastră faceți cel puțin 30 de minute de singurătate în fiecare zi.“ Păi, cum să apară așa ceva? Să închizi și televizorul?!

Viața nu mai curge de la stânga la dreapta. Viața e un newsfeed. O dăm pe repede înainte cu degetul mare. E și normal să ți se pară că totul merge în jos.

Să mă iertați, dar cred că toți avem nevoie de momente în care să fim singuri. Să ne prindă sufletele din urmă.

Să fim singuri noi cu noi și să ne înțelegem.

Chiar... știți de ce nu le place oamenilor singurătatea?

Pentru că nu se plac.

Ei, pe ei înșiși nu se plac! De-asta preferă să stea cu alții. Să se uite la viețile lor ca la televizor. Și în mod neapărat necesar unii dintre acești „alții“ trebuie să fie mai proști, mai urâți și mai săraci decât ei. Și, da, mai singuri.

Altfel, singurătatea te obligă să te gândești la problemele tale, nu să comentezi problemele altora. Și e mult mai ușor să-i critici pe alții decât să te schimbi pe tine.

Nu poți să rezolvi o problemă pe care ești sigur că nu o ai.

Și de cele mai multe ori singurătatea îți dă timp să realizezi că ai probleme mult mai mari decât singurătatea!

Ne plângem prea mult de singurătate pe care o tot traducem ca lipsa unui om cu care să formăm un cuplu. Ca să nu spun direct a unui om cu care să ne futem.

Poate ar trebui să ne preocupe mai mult un alt fel de NF. De la Nefericire.

Problema nu este că femeilor le plac băieții răi și bărbaților femeile cu sânge de curtezană. Problema e că nu recunoaștem

Indiferent de sex, condamnăm cu glas tare ce vrem în secret. Așa că o nevastă bine intenționată care crede că trebuie să fie curvă numai în pat e pe un drum foarte greșit. Până la pat, el trebuie să-și dorească să ajungă acolo cu tine. Și de cele mai multe ori ar fi mult mai atras să facă asta dacă ți-ai lăsa naturalețea la iveală.

Reciproca e și mai dureroasă: femeia căsătorită este adesea un inchizitor. Bărbatul nu trebuie să se mai uite, să mai vorbească. Lui nu trebuie să-i întârzie metroul. Dacă are o mașină mișto, trebuie să o schimbe cu una de familie. Asta decapotabilă e aspirator de femei.

Cum se ajunge aici?

Hai să lăsăm sexul chiar dacă textul acesta a fost inițial night reading și să mergem mai în adânc.

Deși este evident că oamenii înclinați către afaceri se descurcă mai bine decât alții, școala nu te învață nimic despre asta. Poți să ajungi la ore de business abia în facultate. De cele mai multe ori predate de profi care nu au avut niciodată o afacere a lor.

Deși este evident că femeile care au grijă de cum arată au mai multe alternative decât celelalte, totuși avem sute de reviste, pagini de Facebook și câte o mamă care să îi spună nefericitei minciuni ca să-i asigure liniștea psihică și creșterea în greutate. Lasă, mamă, cine te place, te place așa cum ești. Ce te faci dacă ăla de te place așa cum ești nu-ți place ție deloc? Că și femelele de hipopotam se uită tot după bărbați bine, așa cum bărbații bătrâni și urâți se uită tot după puștoaice superbe. Get over it.

Deși este firesc să înveți despre relații, că altfel n-ai cum să știi, nu e nimeni să-ți spună! Parcă suntem o sectă!

Eu zic să restabilim adevărul, chiar dacă e mai greu de înghițit decât altele.

O femeie căsătorită care se cumințește atât de mult în atitudine încât nu mai e dorită de nimeni ajunge să nu mai fie dorită nici de soț. E un fel de mobilă. Mai precis, un fel de comodă. În care știi bine ce găsești așa că nu mai ai de ce să cauți.

Un bărbat care consideră că e ceva imoral ca ea să-i ceară niște palme peste fund, dar e perfect normal să-i tragă niște palme peste față, pentru că i-a găsit mesaje pe telefon, n-a înțeles de ce a ajuns să le scrie!

Fericirea nu e același lucru cu bunăstarea. Nici cu liniștea. Liniște o să avem destulă mai târziu.

Hai să nu ne mai plângem că trăim numai o viață, când mulți nu trăiesc nici măcar un minut așa cum vor!

Ea zâmbește și le spune prietenelor că sexul nu e important. Ei clădesc o casă. Îmi vine să-i propun să nu-i mai spună casă, ci direct sediu de firmă. Pentru că ei sunt parteneri, nu iubiți.

Ne uităm unul la altul peste masă cât bem, așa cum ne uitam cu coada ochiului să vedem dacă dăm pase. Apoi privește în altă parte și zice că dragostea tot se termină. De ce să o ia de la început? Iar dinamită care dărâmă totul.

Lui chiar îi spun că e bună comparația cu dinamita că asta se detonează cu fitil. Ori face explozie ori se fâsâie.

Citește din cartea aia despre care vorbește toată lumea chiar lângă el. Iar el vorbește cu altcineva pe Whatsapp chiar lângă ea. Convins că e prea absorbită să observe. Niciunul nu va pleca.

Așa devine frigiditatea respectabilă.

Bărbații critică femeia pentru că nu știe ce vrea. De cele mai multe ori femeia știe foarte bine ce vrea. Faptul că nu spune ce vrea e altă poveste.

Femeile ne-ar putea critica pe noi pentru multe lucruri importante, nu pentru tâmpenii insignifiante cum ar fi colacul de la WC. Ratez mereu unghiul din care aş putea să văd conexiunea între un obicei mecanic (cum ar fi să nu mai las colacul vieţii ridicat) şi respectul pe care femeia spune că-l vrea şi care nu e mecanic.

Aş respecta-o mai mult dacă i-aş spune adevărul.

Adevărul despre diferenţa dintre femeia respectabilă şi cea dezirabilă.

Da. Aş respecta-o mai mult dacă i-aş spune adevărul, pentru că ar însemna că eu cred că are inteligenţa să-l priceapă şi vâna să-l accepte: Bărbaţilor le plac curvele.

Pauză.

Dacă simţi nevoia, poţi să mergi la baie.

Preferabil ar fi să mergi la bucătărie. Unde ai vin şi ciocolată. Cartea aşteaptă pe pat.

Bărbaţii apreciază obrăznicia. E un semn de imaginaţie. Vrem un pic de anarhie amoroasă. Dar am fost învăţaţi că nu e bine să spunem asta. Pentru că femeile preferă stabilitatea.

Nimic mai fals.

Societatea preferă stabilitatea.

Sexul e animalic. Sexul e indecent. Schimbarea partenerilor e imorală. O viaţă, o dragoste. Divorţul e un eşec. Nemulţumirea... o depravare!

Nu v-aţi întrebat niciodată de ce copiii pot să vadă un film în care oamenii se împuşcă-n cap, dar filmele în care un bărbat şi o femeie şi-o trag e indecent? Crima nu e indecentă, dar plăcerea este?

Nu e nimic mai ocult decât sexul. Invocăm intimitatea ca nu cumva să ni se vadă neîmplinirile.

Invocăm respectabilitatea ca să nu se vadă că stăm ţinuţi de reguli ca păpuşile de sfori. Dacă cineva ne-ar tăia regulile, am cădea.

Aşa că femeia se trezeşte că vrea dragoste, dar şi respect.

Şi că nu le poate obţine în acelaşi mod.

La ce să renunțe? Când stă sub bărbat cinci minute și la serviciu opt ore, chiar se mai pune întrebarea asta?

Femeia își reprimă feminitatea din cauza societății. Din cauza lui „așa ceva nu se face“ spus de oameni care visează efectiv să facă „așa ceva“.

Ai terminat vinul și ciocolata? Bun.

Acum să-ți spun câte din lucrurile despre care se spune că nu se fac sunt fanteziile cuiva. Toate. Dar e mai ușor să aduci un televizor în dormitor când vrei să ai parte de acțiune.

Știți bancul cu tipul care-și pipăia iubita în somn? Își tot strecura mâna până când ea, simțind un plăcut fior, l-a întrebat ce vrea... Telecomanda.

La bancul ăsta mulți oameni nu râd. Și încă și mai mulți râd ca să nu se dea de gol.

Să nu îi simți că miros a floricele și filme de pe torenți.

Ce femeie ar recunoaște că nu pleacă doar pentru că s-a plictisit să o ia de la început și să ajungă tot în punctul acela mort?

Ce bărbat ar admite că are o nevastă ca majordom. Are grijă de casă. De el au grijă altele. Care, culmea, își doresc rolul femeii oficiale.

Chiar vor să schimbe mirosul de spermă de pe sâni cu mirosul de naftalină de pe haine?!

Fericirea are mai multe șanse să fie reală când e neoficială. Când îți dai seama că ești fericit, cel mai adesea a început să-ți treacă!

Ce cuplu ar recunoaște că au transformat încet-încet cuibușorul de nebunii în cimitir al elefanților.

Sau, cum ar zice golanii, doar al elefantului.

Unii spun că sexul e ceva superficial. Poate atunci când o ai mică. :)))

Să ieși ușor din faza de negare e absolut esențial dacă vrei să găsești o soluție.

Altfel, tu te poți convinge că nu ai o problemă, dar să știi că „a lua problema în propriile mâini“ nu a fost niciodată o expresie la modul propriu.

Omul se obișnuiește mai greu cu singurătatea decât cu nefericirea.

Dacă vrea să trăiască momentele din carte, ea nu-l va solicita pe el. E ușor să găsească pe unul care să o dea cu capul de tăblia patului și să o facă să țipe. Pe el se bazează. Amanții sunt ca anotimpurile. El nu pleacă. Bine, mai lipsește nopți. Contează că se întoarce.

Câte pahare trebuie să bei ca să ți se pară frumoasă? Cum cine? De viața ta vorbim!

Știi care e cea mai scurtă perioadă de timp măsurabilă? Aceea dintre „sunt prea tânăr să mă liniștesc" și „sunt prea bătrân să o iau de la început".

Nici nu-ți dai seama când ai trecut dintr-o parte în alta.

Când ai trecut dintr-un trup în altul.

Te uiți la pozele tale vechi și parcă sunt ale unor oameni morți!

Versiunile tale mai tinere sunt toate îngropate sub praful anilor, cu câteva amintiri mai amuzante scrise ca epitaf pe mormântul fiecărei decade. Fiecare dintre noi decade.

Fiecare dintre noi moare.

Dar e o replică demențială în *Automata*, un film care îți dă de gândit. To die, you have to be alive first.

În relații nu există bine și rău, doar lucruri care ne convin și lucruri care nu. Nu există amante, curve, don juani, homosexuali, lesbiene, oameni instabili dependenți de aventuri de o noapte. Există doar oameni care se iubesc. Fiecare cum poate. Și una dintre definițiile fericirii nu este să dai peste perfecțiunea întruchipată, ci peste un partener ale cărui defecte să se potrivească perfect cu ale tale.

Aniversăm anii de căsătorie, nu pe cei de dragoste

Și credem că există o vârstă periculoasă la bărbați și femei. Fără să ne gândim că există o vârstă periculoasă a relației.

Iubim diferit în timp, dar nu în funcție de vârsta biologică. În funcție de experiențe.

• *Iubirea copil*

Iubirea copil îmi place cel mai mult. Pentru că totul e pentru prima oară. Chiar și prima oară e pentru prima oară! E teribilistă. Vorbește mai mult decât face, mai ales că de multe ori nu face nimic.

Când râde, râde de o doare burta.

Când plânge, plânge cu sughițuri, de te doare sufletul.

E bine să trăiești iubirea copil la vârsta la care ești și tu un copil. Altfel îți va fi foarte greu.

Copiii vor să păzească ce e al lor, dar nu știu niciodată care le sunt dușmanii.

• *Iubirea adolescentă*

Le știe pe toate.

Are coșuri pe care vrea să le ascundă. Un alt fel de a spune că are defecte pe care și le știe, dar vrea să le acopere, nu să le rezolve.

Află mai târziu că dispăreau doar date cu tinctură de timp.

Iubirea copil nu te trăgea de păr când i-o cereai pentru că i se părea violentă. Iubirea adolescentă mușcă. Din păcate, când și unde nu trebuie.

Ca orice adolescentă, iubirea de această vârstă nu are nici răbdare pentru iubirea copil, nici respect pentru iubirea matură, așa că e rezervată tinerelor amante care nu cred că e o problemă că au luat soțul unei femei cu burta la gură. „De ce să nu plece? Dacă nu mai era fericit?“

Chiar. Așa va zice și el peste câteva luni sau un an când va pleca de la tine. De ce să nu plece? Doar o iubire matură poate să înlocuiască pe termen lung o iubire matură. De la facultate nimeni nu se mai întoarce la liceu. Poate doar ca să predea.

Bună seara, domnule profesor, am venit la meditație.

• *Iubirea matură*

E o iubire care a mai... iubit la viața ei.

O iubire recunoaște mirosul de stricat din cel mai vag: Faci cum vrei tu. :)

O iubire care înțelege riscurile, totuși merge mai departe. O apreciez mult mai mult decât pe cea copilăroasă, care înțelege doar lumina din flacără și se joacă aiurea cu chibriturile lângă pat.

O prefer oricând iubirii adolescente, care știe suficient cât să fie „suficientă".

Iubirea matură înțelege șabloanele din orice poveste, evită pericole, inventează pericole pentru că știe cât de mult ne plac.

Nicio femeie nu e cu adevărat bună la pat atunci când i se maturizează corpul, ci atunci când i se maturizează capacitatea de a iubi.

Și niciun bărbat nu e cu adevărat bun (la orice) în viață. Ne copleșesc cu laudele abia după ce nu le mai putem auzi.

Mai presus de toate, iubirea matură știe că nu e infailibilă.

Luptă pentru ce are și știe pentru ce luptă. Asta îi permite să realizeze și când războiul continuă degeaba, pentru că motivul lui a dispărut.

Și știe că nimeni nu trebuie păstrat cu orice preț. Nimeni nu e fericirea personificată.

M-a întrebat o prietenă dragă: Știi cum e când știi că ai dat peste „the one"?

I-am răspuns: Da, mi s-a întâmplat de mai multe ori.

Toți spunem că nu e o competiție, dar toți vrem să câștigăm

O femeie frumoasă, celebră și de curând părăsită e intervievată după divorț.

— Cum a fost să realizați că ați trăit atâta vreme în minciună?

— Draga mea, el a trăit atâta vreme în minciună. Eu am trăit o frumoasă poveste de dragoste...

Corect!

De fiecare dată când au făcut dragoste, ea a trăit ceva frumos, iar el, deși era cât se poate de „inside“ fizic, emoțional nu era tocmai acolo.

Era invitat în grădina secretă și totuși condamnat să rămână afară.

Iubirea nu e o competiție, și totuși cine câștigă? Cel care părăsește pare într-un moment de forță. Dar este?

Părăsita se lovește cu capul de toți pereții în „perioada de refacere“, dar el a fost tot timpul într-o situație ambiguă. Cine a pierdut ani din viață?

Cine i-a câștigat?

Un bărbat în devenire, sărac și neinteresant pentru presă, are o discuție cu o femeie. Sunt amândoi pe acoperișul unui bloc de zece etaje. Ea îi spune de ce l-a înșelat. Îi mai spune că „e frumos“, că-l vrea în continuare, dar că vrea să se întâlnească și „cu alți oameni“.

El se gândește la toate opțiunile, inclusiv cum ar fi să se arunce în gol. De fapt, e deja în gol, iar cea mai dramatică săritură ar fi să zică „OK“... Nu zice nimic. Merg împreună la ea, să-și ia niște lucruri. Clișeu sau nu, fac dragoste în apartamentul ei de la etajul cinci. El a făcut pentru ultima dată dragoste cu ea.

Ea îl petrece cu privirea de la balcon încercând să-și dea seama când a făcut ultima dată dragoste cu el.

Pare foarte clar cine e învinsul, dar nu este.

Mulți merg însă atât de departe în dorința de a câștiga ceva ce nu există, încât recurg la rețeta cea mai tristă. Fac un copil ca să-și salveze relația. Erau doi învinși, acum pierd toți trei.

În primul rând, să-i faci un copil e complimentul suprem. Dacă ai ajuns în punctul în care trebuie să-ți salvezi relația probabil că nu-l merită!

În al doilea rând, dacă relația scârțâie, s-ar putea să nu te mai considere atrăgătoare. Și e adevărat că-ți vor crește sânii, dar nu văd cum ar putea să-ți ajute sex-appeal-ul cele 15 kg cât vei pune pe tine în nouă luni.

Pune în balanță momentele emoționante de la ecografie, bătăile inimii micuțe pe un ecran, ținutul în brațe pentru prima oară, cu depresia de după, durerile fizice, privarea de somn (a ta), privarea de sex (a lui, că ție chiar n-o să-ți vină!) și mai ales gândește-te că un copil e ca o sentință pe viață... cu unica diferență că, atunci când îl faci când trebuie și cu cine trebuie..., te simți extraordinar de bine în pușcărie!

Un copil nu salvează nimic. El e un om care are dreptul la o viață a lui, nu un cadou de pus sub brad. Nu poți să păstrezi bonul ca să-l returnezi la magazin dacă nu-l place.

Revin la ce am scris la început: fă-l cu cine merită. Și asta nu pentru că e un bărbat cu material de tată... ci pentru că ți-ar plăcea să-i recunoști privirea în ochii copilului tău. Indiferent ce s-ar întâmpla după.

Suntem învățați că minciună este atunci când spunem ceva neadevărat, dar ea începe din momentul în care alegem să NU spunem ceva adevărat

O numesc uneori SINceritatea.

Prea mulți oameni își photoshopează viața.

Își machiază sufletele cum se machiază ochii... să pară mai mari.

Își ascund frustrările în critici acide pe care le fac tot timpul. Oricui. În fine, ei cred că și le ascund, eu cred că și le dezvăluie.

Înainte toți puneam pe Facebook o parte din ceea ce făceam, acum facem lucruri special ca să avem ce pune pe Facebook.

O prietenă îmi spunea: Mi se pare că suntem din ce în ce mai dispuși să ne certăm, dar din ce în ce mai puțin dispuși să ne despărțim.

Nici minciuna nu se mai numește minciună. Se numește PR personal.

Nici sinceritatea nu se mai numește sinceritate. Nici măcar cum am scris-o eu... SINcerity. Se numește direct prostie.

Mă declar vinovat. În paharul din fața mea nu e apă. E tequilla.

Nu vreau să joc nici cu albele, nici cu negrele. Vreau piese roșii. Se spune că pe femei nu trebuie să le înțelegi, trebuie doar să le iubești.

Sună bine, dar e o prostie. Cum poți să o iubești când nu o înțelegi? Ce iubești atunci? O proiecție a imaginației tale?

E ca și când ai mânca doar coaja de la pepene… că nu înțelegi miezul.

Nu. Tu iubești altă femeie. Aia pe care o poți înțelege. Atât cât o crezi tu că e.

Iubești ce poți să vezi cu ochii.

La dracu'! Ești bărbat sau aparat de fotografiat?!

Iubești ce poți să apuci cu mâinile.

Ești un orb care își face o impresie despre chipul ei trecându-și degetele peste fiecare reper.

Da. Îi știi forma buzelor…, dar niciodată n-o să le știi culoarea.

Nu. Serios. Cum poți s-o iubești pe ea dacă nu știi cine este?

Mergi pe gheață crezând că ești pe pământ.

Ești prins între două mări: una de apă și alta de aer.

Dacă nu înveți repede să înoți, ar cam trebui să zbori.

Și totuși ne cam grăbim să anatemizăm minciuna înainte să înțelegem că ea, ca orice crimă, are un mobil. Și acest mobil poate să schimbe totul!

Niciun bărbat nu se mai obosește să mintă o femeie la care nu mai ține. Și nicio femeie nu se mai preface că-l crede.

Realitatea este ceea ce cunoști.

Sunt oameni care îi văd culorile pe dos, ca niște daltoniști ai înțelesurilor. Minciuna e ceva rău, spun ei, dar nu pot să explice prea clar nici unde începe minciuna, nici unde se termină binele.

Viața e plină de povești neterminate și încă și mai multe neîncepute. Flirturi, aluzii, erori, corectarea lor… toate se întâmplă cu omul de lângă tine și tu habar n-ai.

Știți câți bărbați au încercat altceva doar ca să realizeze cât de bine le e acasă?

Foarte mulți.

Știți câte femei au flirtat „nevinovat" cu vorbe pe care, dacă le-ar fi auzit la soții lor, făceau moarte de om?

Toate.

Dar ce, dragă, doar am vorbit...

Oricum, flirtul nevinovat este, prin definiție, ceva ce fac eu. Ceva ce îmi iert eu și îmi trec ușor cu vederea. E mai greu să iertăm altora lucrurile pe care nu ni le imputăm deloc nouă.

Sunt atât de multe momente în care nu mai știm ce simțim, cine suntem, cu cine suntem. Totul pare ca un mers pe sârmă și ne cam tremură picioarele.

Echilibrul într-o relație de durată nu este static. E un pendul. Extremele dau o medie care ne ajută să mergem mai departe între fericire și nemulțumire.

Toți oamenii care ajung la nunta de aur s-au gândit la un moment dat la divorț. S-au gândit la alți oameni. Oameni din trecut care păreau mai buni pe măsură ce trecutul se îndepărta și gunoaiele lui nu se mai vedeau așa bine. Păreau niște flori. :))) Oameni conjuncturali care păreau providențiali numai pentru ca apoi să vedem că interesul *pentru* noi ascundea de fapt un interes *la* noi.

Mi-au scris multe femei despre bărbații lor care mint. Vai, ce urât! Ca o adevărată inchiziție a căsniciilor, câteva dintre ele făceau, într-un front comun, apel la mine ca apărător al femeilor.

Am fost nevoit să le dezamăgesc: nu sunt un apărător al femeilor, pentru că a fi femeie nu e o calitate în sine. Vorba aceea, care spune că sunt oameni și oameni, include și că sunt femei și femei. :)

Nu, nu sunt un apărător al femeilor, încerc să fiu un apărător al adevărului, iar adevărul despre minciună... e foarte nuanțat.

În primul rând, există, vreți sau nu să credeți, minciuni justificate. Până nu înțelegi tot ansamblul n-ai cum să judeci.

În al doilea rând, niciun bărbat nu se obosește să mintă o femeie la care nu mai ține. El minte tocmai ca să o țină. Avem și noi momentele noastre de confuzie chiar dacă — putem să fim puțin ironici — bărbatul nu stă în fața dulapului să se întrebe astăzi cu ce mă îmbrac, ci în fața agendei din telefon: astăzi cu cine mă...

Dar asta fac și multe femei.

În al treilea și ultimul rând, bărbații mint mai mult și femeile mai bine. Gândește-te puțin, bărbatul nu face poliție politică în casă, nu urmărește ca un detectiv. Femeia are în codul genetic verificarea registrului de apeluri. :)) Oare de ce?

În plus, NU sunt blamați cei care mint. Sunt blamați cei care sunt prinși. :) Iar faptul că un om e prins cu minciuna înseamnă de cele mai multe ori că e un amator, un ageamiu, că nu e obișnuit să mintă. Ceea ce ar trebui să te bucure. Desigur, nu-i putem da o bilă albă, dar măcar aia neagră să fie mai mică. Genul de bilă neagră pe care ai putea ușor să o faci pierdută sub albul așternuturilor de pe pat.

Nu poți să oprești o femeie să plece. Totul e să o faci să nu vrea

La fel și la bărbați. Omul se întoarce mai ușor decât pasiunea. Totuși, societatea are nevoie de a doua șansă și n-ar recunoaște în ruptul capului că, fie nu poți să aduci pe nimeni înapoi, fie nu merită!

Adesea sunt întrebat ce poți să faci să aduci pe cineva înapoi. Nu știu o rețetă care să funcționeze la toată lumea, dar de cele mai multe ori nu poți să aduci pe nimeni înapoi. Sau nu merită.

De ce ne luăm hamul și praștia? De plictiseală. De prea mult rău. De prea mult bine.

Vrem mai mult. Mai multe. Altceva.

Ni se pare că suntem ținuți departe de distracție. Nu mai vrem un loc la masă, vrem în mijlocul ringului.

De multe ori noi, cei care plecăm, n-avem curaj să spunem că ne-am luat bagajul pentru că aveam deja un bagaj. De frici. De speranțe. De întrebări la care celălalt nu era răspunsul.

De și mai multe ori noi, cei care rămânem, nu avem nici noi curaj să recunoaștem că vrem să spălăm cu cincizeci de mesaje și zece apeluri zilele în care nu ni se părea necesar să dăm un semn de viață.

Nu știu adevărul absolut, dar în adevărul meu nu există dragoste într-un cuplu fără pasiune.

De cele mai multe ori pasiunea a plecat înainte să plece omul. Pasiunea cum o aduci înapoi?

Te-ai gândit?

O s-o mimezi ca pe un orgasm?

Sunt mii de motive pentru care ni se spune pa! Mii de motive declarate care ascund alte câteva mii de motive reale. Pentru că suntem atât de diferiți. Noi față de alții. Noi față de noi.

Toți vrem o rețetă simplă. Sau măcar una pe care să o putem înțelege. Un job description al amantului perfect.

O listă ca listele de cumpărături pentru femeia căreia să nu-i dea nimeni papucii dacă nu strigă ea din baie să-i aduci.

Înainte să ne gândim la dreptul fiecăruia la fericire, m-aș gândi la dreptul fiecărui bărbat de a fi el însuși. M-aș gândi la dreptul fiecărei femei la visuri de un singur loc.

Dacă trebuie să sacrifici ceea ce ești pentru ceea ce ai... atunci cine e omul acela care are ce vrei tu?

E complicat de simplu, nu?

Cu riscul să vă supăr, voi, cei care ați face orice după ce a plecat, de ce n-ați făcut orice cât a fost lângă voi?

Nu mulți bărbați o să recunoască asta, dar nimic nu face un bărbat să urască mai tare un alt bărbat decât că i-a luat femeia. Dacă ea s-ar întoarce la el, mirosul celuilalt i-ar părea palpabil. Gândul că ea a făcut cu celălalt tot ce a făcut cu el nu-i dă pace.

E ca un tablou la care ținea mult și căruia i-a desenat cineva o mustață. O simțim. Ne gâdilă neplăcut. Cine ar vrea să sărute o femeie cu mustață? :)))

Și ce femeie care recâștigă un bărbat n-ar observa cum cealaltă i-a schimbat felul cum face dragoste?

E altă femeie.

E alt bărbat.

Trebuie să ne luăm inima în dinți și să realizăm că am vrea să aducem înapoi omul așa cum a fost înainte să plece.

Acel om nu mai există!

Mama a fost o femeie exagerat de cuminte, dar tot avea o vorbă: mai ușor păzești o turmă de capre... decât o singură femeie.

Vrei să păstrezi ceea ce ai.

Cred că e cazul să ne dăm singuri două palme să ne revenim: nu avem nimic. Deci n-avem ce să păstrăm. Nu în modul clasic.

Nu ne cumpărăm femeie! Nu închiriem un bărbat.

Nici nu le luăm în leasing, chiar dacă banii pe care-i pierzi la divorț seamănă un pic cu rata reziduală.

Nu există seif în care s-o pui când mergi la serviciu.

Nici agenție de asigurări care să asigure împotriva riscului... îndrăgostirii de altul.

Nici împotriva riscului ca tu să te îndrăgostești de alta, dar, desigur, asta nu e o problemă, că doar noi suntem bărbați.

Nu poți să o pui în lesa exclusivităților cu un colier scump.

La un moment dat, se simte rece și o să prefere niște mâini calde ceva mai jos pe corp.

Nu poți să-i iei cheile de la mașină atunci când vrea să plece singură la dracu-n-praznic-city, că pleacă și cu trenul. Și se duce altul s-o aducă. Poate chiar cu o mașină mai mișto decât a ta.

Așa cum te adormi în fiecare seară, lași totul pe pilot automat, bătăile inimii, respirația și corpul tău se întoarce la viață a doua zi pentru că iubește viața, ea se va întoarce la tine în fiecare zi.

Pentru că asta face.

Asta facem.

Putem să alegem în fiecare zi. Și alegem în fiecare zi la fel.

Nu pentru că suntem constrânși, convinși, cumpărați mai subtil sau mai grosier.

Pentru că vrem.

Iar când nu mai vrem, nu mai contează nimic.

Dor planurile de viitor făcute împreună, dar încet-încet ele devin doar un trecut care nu se va mai repeta.

Dor obiceiurile pe care trebuie să le schimbăm.

...explicațiile pe care suntem obligați să le dăm...

Ustură unele remarci. Nu e chiar felul în care vrei să ieși în evidență...

Dar tot pleci.

Și atunci se rupe ceva ce rar se mai face la loc.

E mai ușor să o faci să nu plece.

Să o aduci înapoi... e lucrul dracului... a luat deja decizia o dată..., iar a doua oară... îi vine mai ușor rolul.

Scuipăm unde am pupat și invers fără să admitem că fiecare om pe care l-am întâlnit ne-a transformat în oamenii care suntem

Să spui că o dragoste nu a contat e ca și când ai pretinde că nu-ți amintești un cutremur în care te-ai temut că vei muri.

#necenzurat

AŞA E DRAGOSTEA. UN CUTREMUR CARE TE LASĂ FĂRĂ REPLICĂ.

Când simți că te îndrăgostești e mai bine să stai pe loc...

Să nu fugi în direcția greșită.

Poți să te îndrepți cu băgare de seamă către o ușă mai zdravănă și să rămâi în cadrul ei până trece.

Exact ca la cutremur, nu încerca să scapi pe scări: e imposibil să-ți dai seama care mai sunt susul și josul.

Ține-te bine și așteaptă până se scutură molozul lumii tale vechi, până se sparg cu zgomot ferestrele prin care priveai această mare iluzie pe care o numești lumea reală.

Când îngerii vin și te leagă de pat nu te zbate! Acceptă masca pe care ți-o lipesc de gură și trage gazul nefericirii cu plămânii până nu mai poți, până îți pierzi cunoștința, până se termină tot și începe să curgă prin furtun picătura reziduală numită fericire.

Nu o poți bea.

O să-ți umezească doar buzele și ochii.

E normal să negi că așa ceva s-a întâmplat când mulți oameni nu sunt siguri că au trăit așa ceva măcar o dată în viață?

Poți să negi primul sărut.

Bun.

Penibil.

Sublim.

Groaznic.

Prima despărțire?

Depresie.

Poveste.

Lecție.

Râs.

În dragoste nu e ca la matematică. Nu există o culegere Gheba din care să poți exersa.

De câte ori te-ai gândit că iubitul de astăzi este omul de care te-ai îndrăgostit și datorită tuturor femeilor pe care le-a cunoscut?

De câte ori când ai scormonit în trecutul femeii tale, sub orice motiv, n-ai avut senzația că ea ar fi fost altfel dacă primul ei iubit ar fi fost altul?

De prea multe ori cerem unui om să se lepede de trecut ca de satana, de parcă nu vrem să credem că tot ce s-a întâmplat în acel trecut a rămas imprimat în carnea și gesturile acelui om. Carne și gesturi de care ne-am îndrăgostit.

Ne e teamă de o competiție cu senzații la fel de bune, de parcă viața ar fi trebuit să fie un deșert până am venit noi ca Sfântul Duh preschimbat în porumbel. Nu, serios, chiar suntem nebuni? Vrem să credem în viață după moarte, dar o interzicem pe cea de dinaintea noastră?

Câte relații a avut? Cinci? Zece? Cincisprezece?

Unii s-au străduit mai mult și au luptat mai tare pentru relațiile lor care par multe, iar alții, pur și simplu, au fost într-o conjunctură în care atât au cunoscut: pe tine. De două ori.

Cine poate să judece?

Și — uitându-se sincer în trecutul propriu — cine poate să condamne?

Cine poate să fie sincer când spune că oamenii de până atunci nu au contat?

Că primul iubit a fost insignifiant, al doilea o eroare, iar al treilea n-a contat nici el.

Ce bărbat atent cu femeia de acum a fost educat exclusiv de mamă și de tovarășa dirigintă?!!?

Mai multă educație i-au făcut femeia care l-a dus prima oară la orgasm și cea care i-a dat prima oară papucii.

Iubim și învățăm. Și, da, uneori o facem cu mare plăcere! Și e foarte bine să fie așa.

Era și un banc. Se întoarce Ion acasă și spune cătrănit: Marie! Io am fost la birtul din sat și, uite, am aflat că Vasile a luat-o pe Leana fată mare, Gheorghe a luat-o pe Ana la fel... Numa io te-am luat începută.

La care Maria îi dă replica genială: Auzi, Ioane, ție îți place cum te țin eu ca p-o floare?

Îmi place.

Îți place cum gătesc io mai bine ca mumă-ta?

Îmi place.

Da' în pat, ce facem noi acolo îți place?

No, sigur că-mi place!

Păi unde crezi tu că se învață toate astea? La fără frecvență?

• ***Singurul lucru mai important decât sexul într-o relație***

Nu sunt genul platonic.

Nici măcar când lucrez nu sunt 100% calm.

Sută la sută calm înseamnă neimplicat.

Nu te implici când nu-ți place.

Și dacă nu-ți place, de ce să o faci?

M-am convins de nenumărate ori că sexul într-o relație nu e condiment. E un fel principal. Oamenii care se simt bine în pat (sau pe unde îi mai prind fanteziile) zâmbesc mai mult. Și — mai important — **își zâmbesc unul altuia.**

Și totuși cel mai important lucru într-o relație va rămâne altul.

Sună banal, dar e comunicarea.

Primul lucru care complică totul este că nu poți să comunici nici ce vrei, nici ce oferi. Comunici cine ești.

Și pentru că mulți dintre noi nu suntem prea mulțumiți cu cine suntem, alegem să mințim. În toate formele de comunicare.

În loc să ne apropiem cu fiecare cuvânt care ne dezvăluie, ne alienăm cu fiecare frază inventată special ca să ne ascundă!

Ni le tot punem ca pe o scăriță în spatele tribunei, să părem mai înalți sau cum își pun femeile bureței de sutien.

Ce-ai face dacă ți-aș spune că și sexul e tot o formă de comunicare?

Gesturile sunt complimente. Poftele sunt complimente. Erecția e un compliment și orgasmul... feedback!

Chiar și conceperea unui copil e ca scrierea unui roman. Cu doi autori. Ilf și Petrov.

Oamenii sunt neliniștiți când nu comunică sexual, nu mai sunt siguri de sentimentele celuilalt.

Dar sunt doi străini din punct de vedere cerebral dacă nu comunică și despre celelalte interese ale lor. Sexul vorbește doar despre interesul pe care îl au unul pentru celălalt.

Suntem alcătuiți din atât de multe ferestre și din atât de multe ziduri. Uneori îți deschizi fereastra ta iubită spre un domeniu și descoperi că ea are acolo un zid.

Curajoşii vor să-l spargă.

Inteligenții vor să afle de ce e acolo și din ce e făcut ca să-l poată dinamita mai bine.

Înțelepții cântăresc totul și de multe ori lasă zidul la locul lui. Și se întâlnesc cu celălalt doar la ferestrele comune. Pentru că armonia într-un cuplu nu înseamnă un geamăn de sex contrar. Înseamnă să înțelegem că uneori chiar asemănările sunt cele care ne separă, iar diferențele ne unesc.

Eu beau vin alb.

Ea bea roze.

Niciunul dintre noi nu e deranjat atâta vreme cât paharele stau unul lângă altul pe aceeași masă. E o metaforă sau o realitate? Ambele.

Viața întreagă e o metaforă și toți încercăm să înțelegem ce vrea de fapt să spună.

Toți vrem să găsim un sinonim pentru fericire într-un nume propriu. Vrem ca „Te iubesc“ să nu fie un eufemism. Căutăm o gramatică a dorinței.

Ce e, până la urmă, comunicarea în cuplu?

Mulți cred că a comunica înseamnă să vorbești. De fapt, înseamnă în primul rând să știi să asculți.

Nu să auzi ce ți se spune. Să asculți.

Am scris mai înainte că o femeie își deschide mai ușor picioarele decât sufletul.

Pentru că se teme să nu fie judecată.

Nici bărbații nu se descurcă prea bine.

Ei se tem să nu pară ridicoli.

Ne temem mai mult de penibil decât ne temem de nefericire.

Bărbatul trebuie să fie puternic. Nu fericit!

Nu-i așa că ați simțit de multe ori discuția ca pe un ping-pong? Dai tu, dă și el. La un moment dat, nici nu mai aștepți să-ți vină rândul.

De ce?

Pentru că nu vrei să te exprimi. Vrei să te impui.

Și pentru că vrei să te impui, simți nevoia să ridici tonul.

Să te ridici pe tine cu totul deasupra celuilalt.

Și apoi vă mirați că nici dragostea fizică nu mai umple distanța! Firesc. Te-ai pus pe un soclu de orgolii. Cine ar vrea să facă dragoste cu o statuie?

Nu există niciun cuplu care nu se ceartă.

Uneori, și tăcerea e o ceartă continuată cu alte mijloace decât cele ale limbajului.

Diferența între cei care se ceartă și apoi se iubesc și cei care se ceartă și apoi se despart reprezintă un tip aparte de putere.

Puterea de a recunoaște că ai greșit.

#necenzurat

ÎN FIECARE CEARTĂ AMÂNDOI GREŞESC: UNUL CĂ O ÎNCEPE, CELĂLALT CĂ O AMPLIFICĂ.

Iar voi, domnilor, țineți minte: nicio femeie nu se mai obosește să se certe cu un bărbat pe care nu-l mai vede în viitorul ei. Pentru că cearta e o dispută prin care ea vrea să obțină o schimbare. Vrea să te schimbe. Nu să te schimbe cu altul. Știu că am mai zis asta, dar o să o repet și eu până când trecem de faza în care o citiți și ajungem în faza în care o rețineți. Apoi în cea în care o folosiți.

Există un singur lucru mai periculos decât o femeie care țipă. Una care tace.

Atâta vreme cât comunici există o relație. Și cât timp există o relație există o șansă, atâta vreme cât comunicarea este la ambele capete. Un dialog nu înseamnă ca una dintre părți să încuviințeze tot ce spune cealaltă!

Desigur, cei care nu comunică în relațiile lor nu se abțin să „comunice" despre relațiile altora. Adesea cu un efect distructiv încât nu mai putem face diferența între cuplurile fericite și cele în care unul iubește și unul se lasă iubit. Poate că nici nu trebuie. Până la urmă, câinele moare de drum lung...

Nu există bărbați care se tem de gura nevestei. Doar soți care își respectă soțiile.

Știu că au sărit câțiva ca arși. Toți știm cazuri de „sub-papuciști“. Dar aceia nu sunt bărbați. Sunt niște copii care au îmbătrânit fără să crească și care aveau nevoie de o „mamă“ autoritară. Și asta au.

Nu știu dacă ați observat, dar mulți chiar le spun nevestelor „mamă“.

Prima consecință a unei comunicări frumoase este senzația că el o răsfață prea mult.

Asta se întâmplă în primul rând pentru că bărbatul are o suită de gesturi prin care își poate arăta respectul pentru femeia lui în public.

De cele mai multe ori, femeia îl răsfață în intimitate.

Unde „gurile rele“ nu pot să arunce o privire.

O să vă povestesc o fază dintr-un film despre o legendă a artelor marțiale, Yip Man. Cei din generația mea știu cine e luptătorul legendar pe care el l-a antrenat: Bruce Lee. Yip Man, un om cu zeci de lupte în spate, avea o dambla... firească. Nu se bătea în casă. Se perturbau energiile. În film vine un rival și îl provoacă. Yip îi cere să meargă afară și rivalul îl ia la mișto că se teme că-i va sparge porțelanurile nevestei. Replica lui, așa cum mi-o amintesc după mulți ani, mi-a sugerat titlul: Aici nu e niciun bărbat care se teme de gura nevestei. Doar soți care-și respectă soțiile.

Un bărbat adevărat, atunci când își iubește soția, are grijă să o includă în planurile lui fără ca ea să fie nevoită să se impună sau să se roage.

Un bărbat adevărat nu aduce flori când a făcut o tâmpenie, să se dea de gol ca un idiot. :)) Aduce flori pentru că s-a întâmplat să vadă și să știe că ei îi plac. Uite, eu cumpăr mai des în ghiveci și fac mișto că asta demonstrează că vreau flori și o relație de durată. Mă deprimă când mor după câteva zile.

Un bărbat adevărat, când are ghinionul să dea peste câte una care nu reușește să fie șefă la serviciu și vrea să fie acasă, ori o cumințește, ori o părăsește. Cei care rămân sunt, în general, niște subalterni nativi. Care nu merg acasă de la job. Fac naveta între două slujbe.

Presiunea prietenilor asupra celor care își fac program mai mult cu soția decât cu gașca e uneori o neînțelegere, alteori chiar o ușoară invidie: ei caută încă prin baruri ceea ce el are deja acasă.

Când femeia știe că are un bărbat care o respectă și pe ea și propria masculinitate orice ieșeală cu băieții e floare la ureche. Pentru că există un echilibru.

Ea nu te sună din zece în zece minute când ești la un pahar cu vin și o sticlă cu vorbe!

Tu nu te justifici, nu te scuzi, nu minți.

E un balans care se păstrează mai ușor decât pare.

Dacă și bărbatul știe să-i ofere femeii de lângă el exact ceea ce îi cere!

Respectul se plătește cu respect.

Și libertatea cu libertate.

Nu există femei puternice care stau în spate, dar nici în față.

Comunicarea nu e un schimb de „to-do-lists". Așa că multe dintre femeile care se entuziasmează citind ce ar trebui să facă bărbatul ideal nu comunică decât pe jumătate. Mai precis, comunică ele cu propriile dorințe. Mai ascunse sau mai la vedere.

Așa cum bărbatul face „de bunăvoie și nesilit de nimeni" o insulă de intimitate pentru cuplu, acel cuib în care ea cuibărește, la fel de natural și femeia are contribuția ei la fericire.

Fericirea e un joc în doi. Ca atare fiecare face ceva, nu doar există!

Mi se pare tragic că se vorbește de al șaselea simț al femeii care își dă seama când bărbatul ei vine de la alta.

Ciudat, de ce nu și-a folosit această femeie al șaselea simț mai devreme? Să realizeze și ea ce vrea el și să ofere?

Un pic de comunicare ar face orice femeie să realizeze că bărbatul apreciază o casă curată mai puțin decât un pat șifonat.

Un pic de comunicare ar ajuta orice femeie să înțeleagă că ideea că ea are nevoie de bărbat ca instalator, psiholog, complice, amant etc., iar bărbatul nu vrea decât sex e o simplificare care dăunează enorm. Orice lucru trebuie simplificat până la ultimul nivel posibil, dar nu mai jos.

Un pic de comunicare ar face orice femeie, oricât de competitivă, să înțeleagă că această competiție e afară! Nu în cuplu.

Familia e un sport de echipă. Iar podiumul are suficient spațiu să fim amândoi pe primul loc.

Să reluăm această demonstrație un pic mai acid.

Nu. Scopul în viață al bărbatului nu este să facă fericită femeia!

E cam rece apa? Intrați încet. Întâi emisfera cerebrală stângă.

Într-o relație ori sunt amândoi bine, ori nu e niciunul!

Let's play master and servant? Nu, mulțumesc.

Să faci o femeie fericită e o muncă de șapte zile pe săptămână?

Și nopți.

Orele suplimentare nu se plătesc. Se răsplătesc.

Și totuși...

Întâlnesc frecvent două extreme la noi, bărbații: unii ar face orice, alții nu ar face nimic.

Ar cere.

Paradoxal, prima categorie nu e mai fericită decât a doua.

Femeile bărbaților din prima categorie nu sunt, de multe ori, nici mai fericite, nici mai vesele, nici mai fidele (da, ai citit bine) decât femeile celor din a doua categorie.

Cât adevăr suportați pe burta goală? O femeie al cărei bărbat ar face orice îi cere nu are cum să fie fericită pentru că la un moment dat i se termină ideile, iar el se dezvață să le aibă pe ale lui.

E ca și când ai un briceag elvețian prevăzut cu de toate, inclusiv vibrator, dar ești într-o fază în care te-ai juca mai degrabă cu altceva. Și așa ajunge prințesa să nu se mai ferească de bobul de mazăre. Să-l caute.

Și bobul ăsta e adesea un bărbat din a doua categorie.

Care are acasă o femeie obișnuită să i se ceară și pentru care fericirea înseamnă o seară fără scandal.

Uneori cele două femei se întâlnesc.

Nu e niciuna mai frumoasă decât cealaltă. Se privesc și niciuna nu înțelege. Nici înșelata, nici amanta. Nevasta nu se prinde ce are amanta în plus. Amanta nu înțelege ce era în neregulă cu nevasta.

S-ar certa, dar sunt prea surprinse și tac. Aveau o imagine una despre cealaltă care nu se potrivește cu realitatea.

Amândouă îi cer lui să aleagă, pentru că știu că el poate să aleagă.

Pe prostul acela din prima categorie nu-l întreabă nimeni nimic.

N-a zis că ar face orice să o vadă fericită? Să scoată frumos mașina din garaj și să o ducă la întâlnirea cu celălalt. Ea o să-și facă un selfie din pat. Să o vadă fericită.

Pare cam mult?

Asta pentru că nu vreau să merg mai departe. E mult mai mult. Culmea e că protagoniștii nu înțeleg scenariul. Nu-l controlează. Trăiesc din impulsuri.

Cum să înțelegi sentimentele altcuiva când nu ți le înțelegi pe ale tale?!

Cum să cunoști omul de lângă tine când tu îți petreci jumătate din timpul pe care îl aveți împreună uitându-te la televizor?

La TV poți să te uiți și la optzeci de ani!

Poți să te întâlnești cu fericirea întâmplător, dar rămâne cu tine doar dacă o meriți.

Dacă o înțelegi.

Și mai ales dacă îți dai seama că e alchimie. Un compus instabil de dorință și libertate.

Nici femeia, nici bărbatul nu sunt în primul rând datori să asigure fericirea celuilalt. Prima lor grijă e propria fericire.

Prea mulți oameni rămân împreună artificial.

Într-o relație, ori sunt amândoi BINE, ori nu e niciunul.

Și, mai devreme sau mai târziu, vor fi forțați să o admită.

Uite că deja citești despre comunicarea în cuplu de câteva pagini bune.

N-ar fi cazul să dai un telefon? Sau poate doar să întinzi mâna spre cealaltă parte a patului?

Nu ar fi oare cazul să închizi cartea și să deschizi orice formă de comunicare, fie ea vorbită, scrisă sau Braille? Da, acela pentru nevăzători care se citește cu degetele.

O mână întinsă spune uneori mai multe decât o carte și, uneori, simplul fapt să suni pe cineva spune deja cam cât toată convorbirea.

Orice scriitor știe că e cel mai dificil să pui pe hârtie prima frază. Orice conversație are nevoie de un început. Un început continuu.

N-ar fi atât de simplu să nu ne mai învârtim în jurul cozii? Te cunosc? Cunosc omul care erai ieri. Cine ești astăzi? Care sunt visurile tale de astăzi? Ce-ai făcut la serviciu nu mă interesează, suntem acasă. Într-un loc în care noi stabilim regulile și limba oficială.

Poate că minciuna e limba noastră maternă. Suntem învățați de mici să nu spunem ce nu se cade să spunem. Să nu facem ce e anormal.

Suntem învățați ce e bine și ce e rău fără să ni se spună că, de fapt, suntem învățați ce e normal și ce nu, iar între bine și normal e cale lungă.

Gurile noastre sunt legate pe dinăuntru. Cine altcineva să ni le deschidă?

Nu îmbătrânește și toți avem nevoie de ea.

Sunt oameni care se descurcă senzațional în viață. Ei nu au prieteni, au relații. Nu fac gesturi gratuite, totul e profitabil. Și totuși, cui spun oamenii ăștia un „bună seara, iubito", cu inima deschisă?

Nimănui. Pentru că văzută prin ochelarii interesului lumea devine o copie a persoanei. Oamenii se împart în șmecheri și fraieri. Un asemenea specimen nu poate să se atașeze de fraieri, pentru că nu-i respectă. Nu poți să iubești un om pe care îl desconsideri.

Nu se pot atașa nici de omologii lor, ceilalți șmecheri, pentru că față de ei trebuie să țină garda sus. Se simte relație, nu prieten pentru șmecherii din jur. Un cuib de vipere nu e un loc unde poți să ai liniște, nici când ești chiar tu o viperă.

Bunătatea sufletească este o formă superioară de frumusețe și refuz să cred că e pe cale de dispariție. Simți mai multă plăcere când dăruiești decât atunci când dai un tun. Când dăruiești n-ai de ce să te uiți peste umăr să vezi dacă nu cumva te urmărește cineva.

Omul care dăruiește e bogat: el a avut din ce să dăruiască. El a avut, mental, un plus din care să ofere sau măcar a putut să trăiască mai departe și cu un minus.

Oricum, mai mult decât un costum și o pereche de pantofi nu luăm cu noi în pardesiul de lemn în care vom merge înapoi.

O femeie care își alege un bărbat de caracter are cu cine să pună fundații pentru visuri.

Rezistent ca granitul este cuvântul lui și prețios ca aurul. Nu-l dă cu ușurință, dar nu-l ia aproape niciodată înapoi.

Iar bărbații știu toți că suntem egali în fața timpului.

Ia-ți o femeie frumoasă și vei fi fericit zece ani.

Ia-ți una care să aibă și inimă și vei fi fericit toată viața.

La polul opus, orice bărbat imaginativ poate să facă promisiuni credibile, dar numai unul de caracter le va și ține.

În fiecare zi poți să alegi.

În fiecare zi trebuie să alegi. Ești forțat. Între bine și prieteni. Între corect și iubit. Între principii și plăceri.

Și de multe ori spui: de mâine mă schimb!

De câte ori n-ai zis asta?

O să fiu mai rău, că în lumea asta n-ai cum să răzbești altfel. O să fiu mai puțin implicat. Că implicarea vine la pachet cu nervi, analize care ies prost, bani care se pierd, suflete care rămân paradite ca toantele.

Implicarea e felul acela de fidelitate a oamenilor față de o idee… care se transformă într-un business pe care ți-l ia cineva care știe cum să ia prim-planul. Sau într-un job pe care-l inventezi chiar tu, apoi îl crești până se trezește cineva că e prea bun pentru tine și-l dă… cuiva față de care avea o obligație.

Sau e penibilitatea aia ca o credință în Dumnezeu când investești fiecare bătaie de inimă în viața altui om.

Care rămâne alt om.

Sau devine alt om. Unul de nerecunoscut…

Gata! De mâine te schimbi! De câte ori n-ai zis „de mâine o să mă doară fix în cur"?

De mâine o să sap și eu colegi sau concurenți. De mâine o să-mi iau și eu șeful cu „era să aveți o scamă".

De mâine o să fiu cu totul altfel pentru acest bine pervers pe care oamenii îl numesc succes.

De mâine o să învârți pe degete bărbații așa cum fac alea care își fac vacanțele în Monaco.

Sau femeile ca un gigolo.

Chiar, ce prost Constantinescu ăsta, că are mii de fane și o singură Muză!

Unii nu se pot schimba. Mulți alții… pot.

De mâine te-ai decis… o să te schimbi și tu.

Ce tristă e despărțirea asta a ta de tine!

N-o face. Te rog.

Lumea e suficient de murdară ca să apreciez enorm petele de curățenie.

Rămâi frumos. Rămâi așa cum ești. Prost de bun, implicat, capabil de dragoste.

E într-un film rusesc o poveste care mi-a luat mințile: oamenii cu puteri supranaturale și le descopereau la o vârstă aproape adultă. Unii alegeau întunericul. Ceilalți, mai puțini, lumina.

Pus în fața acestei alegeri eroul întreabă de ce sunt atât de mulți care aleg partea întunecată.

Răspunsul e devastator:

„E mai ușor pentru om să ucidă lumina din sufletul lui, decât să lupte cu întunericul de pretutindeni."

Cea mai bună poziție

Internetul duduie de răspunsuri la întrebarea: Care e cea mai bună poziție?

Sunt sugestii în funcție de zodie, de filmele pe care le-ai văzut și de anul nașterii. Asta de la urmă parcă mai are sens: dacă ai optzeci de ani nu-ți mai poți permite chiar orice.

Există recomandări în funcție de oraș, de partidul pe care l-ai votat, și poziții pentru raw vegani și pentru fanii fast food. Și asta cred că are sens. După niște ani de hamburgeri sau hotdogi nici nu ți-o mai vezi. Darămite să alegi poziții. Zici mersi dacă mai ai cu cine.

Am văzut și multe sugestii în funcție de preferințele muzicale. Eu ascult mult Rammstein…

Care să fie cea mai bună poziție? Dacă ai stabilit o asemenea minune nici nu mai îndrăznești să sugerezi alta! Cum să-i oferi o poziție „de mâna a doua“?

Behold! O poziție to have and to hold! O poziție cu care să te însori, cum te însori cu o femeie? Femeia e mereu alta, are stări diferite, dorințe noi, e minunat să găsești femeia care să le bage pe toate celelalte în beznă, să vrei să rămâi doar cu ea, dar o singură poziție? Ce plictiseală! Atunci de ce nu stabilesc oamenii ăștia și care e cea mai bună oră? Am putea să oprim curentul în cartier, că oricum știm ce face toată lumea și nu e nevoie de prea multă lumină. Poate mai sunt unii care chiar nu vor să se și vadă. Eram în clasa a VI-a când am condus o anume fată acasă. Pe drum a început o ploaie furioasă și ne-am ascuns într-o scară de bloc. Ne așezaserăm pe treptele de ciment. Nu era altă lumină decât cea de la fulgere. La un moment dat m-a luat speriată de mână. Credeți-mă… eram în cea mai bună poziție!

De ce se strică mai repede o relație oficială decât una neoficială?

Pentru că întotdeauna ceea ce vrei cântărește mai mult decât ce ai. Ce e sigur devine asfaltul pe care alergăm după ce e posibil...

Rampa de lansare e singurul lucru sigur din tot angrenajul unei misiuni NASA. Și e lăsată în urmă. Pe bărbați siguranța îi îngrașă. Pe femei le face mai neatente. Uneori chiar le face mame și uită să mai fie femei.

Ni se pare că suntem împreună când ne uităm șase zile din șapte la câte un film. Fără să admitem că, dacă ar cădea curentul și ea ar fi la menstruație, n-am mai avea despre ce să vorbim.

Într-o relație oficială, dacă misterul e primul sacrificat, zilele devin un terci fără gust.

O relație frumoasă e ca un vin roșu care trebuie lăsat să respire.

O să-mi sară lumea în cap, dar într-o relație oficială se spun prea multe. Sunt lucruri pe care nu vreau să le știu. Pe care nu trebuie să le știu. Larry Hagman spunea că a avut o căsnicie senzațională pentru că n-au mers la aceeași toaletă.

Când sunteți într-o relație neoficială și te sună, simți că flirtează cu tine, când sunteți într-una oficială... te verifică.

Când relația este „neoficială", pentru bărbatul care atrage femeile ca un magnet simte iubita că trebuie să lupte ca să-l cucerească. În cea „oficială" vrea să lupte ca să le îndepărteze pe celelalte.

Așa îl îndepărtează și pe el. Pare nesigură pe ea. Mai grav, pare nesigură pe EI.

La neoficială se răcește friptura, la oficială e prea adesea rece patul.

La neoficială orice rezultat pare deschis, la oficială all bets are off.

La neoficială spui: „Noi nu suntem ca alții" pentru că toți par incapabili să trăiască o dragoste așa de mare ca a voastră. Dincolo spui: „Ca la noi, la nimeni" pentru că toți par să se descurce mai bine ca voi, să se certe mai puțin decât voi, să fie mai fericiți decât voi.

Când ni se cere să fim împreună la bine și la rău totul sună așa romantic. Ne și vedem în luptă, ca-n filmele artistice. Dar viața e un serial și în multe episoade nu se întâmplă mai nimic. Ar trebui să ne întrebe dacă vrem să fim împreună și la... plictiseală.

Plictiseala e mai corozivă pentru cuplu decât răul. La rău ne strângem. La plictiseală căutăm vinovați. Și nu știu cum se face că de vină e mereu celălalt.

Și așa ajungem să fim într-o relație la distanță cu omul cu care stăm în aceeași casă.

Pentru că la început a fost jobul. Trebuie să mâncăm mai bine, să ne îmbrăcăm mai bine.

Urmează prima casă și ultima vacanță când stai cu harta în mână să alegi locurile, mai mult decât cu Excelul să eviți prețurile mari.

Apoi, în loc să muncești mai puțin, așa cum ai promis de la bun început, ți-ai mai luat un job. Benzina e 6,5. Când ai cunoscut-o era 3,5. Cred că pe la 8,5 îi dai papucii dacă mai zice că vrea la mare în weekend!

Ești într-o relație la distanță cu visurile pe care încă le mai ai. Le mai ștergi de praf. Ai scris pe cutie „amânate". Știi foarte bine că acea cutie e sicriul lor. Later means never.

Dragostea pare ceva prea costisitor. Îți stă în drum. Ciudat, tocmai ție care ar trebui să admiți că stai pe loc.

Vii acasă și propui repede un film. La film nimeni nu vorbește, deci eviți o discuție despre voi.

Care voi?

Ce-ai face dacă ți-aș spune că era o vreme în care oamenii puteau să rămână îndrăgostiți chiar dacă la cinci dimineața plecau de acasă la cozi. El la lapte, ea la pâine. Sticlele atârnau greu și el voia să o menajeze. Dar se țineau de mână când ieșeau din bloc.

Voi nu vă atingeți nici în mașina personală. Dacă vreodată te-ar întreba de ce, tu ai răspunde că n-ai cutie automată.

O minciună care vine automat.

Între jumătatea stângă și jumătatea dreaptă a patului sunt 500 de kilometri.

Iar tinerețea ți s-a terminat de o jumătate de oră.

Te uiți la știri. Situația din Ucraina te îngrijorează. Dacă vin rușii peste noi, ai putea să pierzi tot!

Ce ai tu de pierdut?

Tu care nu ai nimic luat separat? Voi care nu mai aveți nimic în comun?

Realizările voastre sunt o plăcuță pe căsuța poștală și un plod care vă poartă numele mai departe. Culmea gloriei: să duci mai departe numele de Popescu.

Popescu-junior e la o școală privată din care sperați să iasă mai deștept decât voi. Nu mai are rost să schimbi.

Cineva spunea că pe doi români căsătoriți îi țin mai bine împreună ratele decât jurămintele în fața popii.

Tu mai ai câțiva ani de plătit rate la casă după care poți să te pregătești liniștit.

Să mori.

N-am spus noi că „timpul va decide“?
Uite că a decis.

Ziua nu știe dacă ai făcut ceva cu ea sau nu.

#necenzurat

FIECARE OM POATE SĂ FIE EGALUL VISURILOR SALE!

Numai dacă alege să lupte pentru ele. Pentru că în realitate ești egalul faptelor tale.

Timpul n-are nicio altă treabă decât să treacă. De ales alegem noi. Sunt câteva lucruri pe care nu le alegi: să te naști, să faci varicelă, să te îndrăgostești și totuși multe femei cred că pot să iubească un bărbat pe care, de fapt, doar îl apreciază.

Omul e plin de calități? OK! Jos pălăria, nu toate hainele!

Nu bea, nu fumează, face sport. Îl putem propune pentru Comitetul Olimpic și-l premiem cu o diplomă, nu cu o cină cu happy end.

Are bani, carieră, viitor, mașină? Mașina rămâne în parcare, în pat urci doar cu el.

E un tip sigur. Îți garantează liniștea? În viață liniștea e un sinonim parțial pentru plictiseală. Avem toată viața de apoi să fim liniștiți.

E mai ușor să alegi să te desparți de un om pe care știi sigur că îl iubești, dar de lângă care te pun pe fugă defectele, decât să iubești un om pentru calitățile lui. Pentru ele îl apreciezi. Și atât.

Iar timpul degradează tot: imperii, sentimente. Ne degradează pe noi.

Era o lege a lui Murphy: Ce începe bine se termină prost, ce începe prost se termină și mai prost.

Dacă la început nu e scânteie, când să apară un foc?

Fraza asta de film care crește glicemia: „O să învăț să te iubesc", e pentru oamenii care cred că pot să se îmbete bând apă dintr-o sticlă pe care scrie „Absolut Vodka" grație efectului placebo.

Ce-o să faci? O să înveți să-ți accelerezi singură pulsul când îl vezi? Dragostea nu e un joc de glezne. Ai mai multe șanse să-ți bată inima mai tare dacă ieși la alergat.

O să înveți să tremuri de nerăbdare? Poate de frig. În decembrie, faza asta s-ar putea să-ți iasă dacă ieși puțin până afară.

O să înveți să vrei un copil cu el? Să-l privești pe micuț și să constați că are ochii lui ta-su. Niște ochi care nu-ți spun nici acum mai nimic.

Nu. N-o să înveți nimic, dar, ce e drept, timpul o să decidă. Că ai fost o fraieră.

A treia poveste care pare să nu aibă legătură cu nimic

În fiecare zi trecea pe lângă florăria fără sens, în drumul spre stația de tramvai.

Era reglat ceas: ajungea fix în același timp cu tramvaiul. Care și el era reglat ceas. Ceea ce dovedește că ai în față o lucrare de ficțiune.

În scurtul interval de timp cât se întâmpla totuși să-l aștepte... a remarcat-o pe fata de la Optica Medicală. Dacă ar fi fost tutungerie, ar fi intrat, chiar dacă nu fumase niciodată... dar așa? Poți să te apuci de fumat dintr-o prostie de-asta, dar miopie nu poți să-ți lași, așa cum ți-ai lăsa părul mai lung.

Zilele treceau așa cum trecea el zilnic pe lângă florărie în drumul spre tramvai.

Venea din ce în ce mai devreme. Își dorea să aibă cât mai mult de așteptat și binecuvânta ideile celor de la Optica Medicală: în ordinea importanței... mai întâi că au angajat himera, apoi că au lăsat vitrina neacoperită. Să o poată vedea nestingherit.

După două săptămâni a realizat că florăria avea sens, dar nu știa ce flori îi plac.

Zilele treceau. El nu putea să se decidă. Trandafirii păreau prea demonstrativi. Narcisele prea ieftine.

După alte două săptămâni s-a decis pentru lalele. După încă două zile a decis între multe și puține. Mai precis s-a lămurit că oricât de multe ar fi luat, tot i s-ar fi părut puține.

Dar ce culoare?

Roşul era prea direct. Albul prea impersonal. Galbene! Asta era! Cum era el gelos pe toţi clienţii ei. Chiar şi pe cei cu lentile fund-de-sifon.

Trecuse deja atât de mult timp. Încă puţin şi trecea şi sezonul lalelelor.

Dar venise ziua.

Cu buchetul imens ţinut cu ambele mâini s-a oprit în faţa Opticii.

Era închis, iar pe vitrina curată stătea un afiş lipit cu scotch:

ANGAJĂM VÂNZĂTOARE.

Trenurile care pleacă nu fac curse dus-întors

Ba da. Dar când se întorc e mâncarea rece la vagonul-restaurant.

Când se întorc coboară din ele... alți oameni.

Și batista aia pe care ai fluturat-o ca proasta nu mai e, între timp, curată. Ți-ai suflat nasul în ea.

Nu știu cum se face, dar trenurile astea, când se întorc, parcă pierd o... clasă.

Iar când aștepți în gară ar trebui să fii conștient că indiferent cine se întoarce, vine cu bagaj. Și tu o să trebuiască să-l cari.

Până la urmă ce putea să facă biata fată dacă a pierdut trenul? S-a dus și ea la „ia-mă, nene".

Sau bărbatul? El nici nu recunoaște că l-a pierdut. Stă pe peron așa, ca un hobby.

Filmul favorit? *Trainspotting.*

Ultima carte citită? *Mersul trenurilor.*

Chiar? Cum se termină?

Eu cred cu tărie că *Mersul trenurilor* e o lucrare de ficțiune. :)) Scrie că vine la 7, apoi impiegatul adaugă pe o tăbliță, ca o erată, încă 40 de minute, încă o lună, încă un Crăciun.

Doamne, cât pot trenurile astea să întârzie! Se renovează Gara de Nord până ajung la destinație. Amuzant e că uneori par că recuperează și că își vor merita până la urmă suplimentul de viteză. Aiurea. Rămâi cu sufletul compostat și cu banii dați. Pardon, cu anii luați.

Sunt zile pe care le uiți. Săptămâni pe care le uiți. Luni.

Noroc că nu te întreabă cineva ce-ai făcut în 2002. N-ai avea idee ce să zici. Avea un vis întârziere până în 2004 și-l așteptai? Dacă te duceai după el, nu l-ai fi ajuns din 2003?

Sunt ani întregi pe care îi uiți.

Și sunt secunde pe care le retrăiești.

Secunde când ai spus ceva important sau n-ai spus nimic.

Momentul acela care ar fi trebuit să fie al tău.

Sunt zile în care ai trăit în lumină. *Ai fost lumină.*

De cele mai multe ori ai mii de poze care nu mai înseamnă nimic. Absolvirea facultății, petreceri, sunt doar alte poze. Din alte zile. Din momentele *acelea* nu ai. Erai prea ocupat să le trăiești. Și e foarte bine așa.

Schimbarea e singura constantă.

Mergem cu ceasurile ticăind în noi ca niște bombe pline de riduri de expresie.

Când sună, nimic nu explodează.

Dacă n-ai explodat când trebuia, ce să-ți fac?

Sunt arme retrase fără să fi fost folosite în niciun război. S-au perimat așteptând.

În cazul lor e bine. Tați și mame au rămas în viață.

Dar tu?

În '89 se spunea că românii nu pot să iasă în stradă pentru că mămăliga nu face explozie.

Un truc de manipulare în masă.

Ție nu ți-ar strica o explozie.

De bucurie.

Dacă astăzi nu-ți place ce vezi într-o parte și te întorci înspre cealaltă nu te va ajuta mâine. Când s-ar putea să nu-ți placă nici ce vezi în stânga, nici ce vezi în dreapta. Mai grav, nici ce vezi înainte.

A patra poveste care pare să nu aibă legătură cu nimic

Necenzurat

Unii beau ca să-și aducă aminte ce-a fost bun. Alții pentru că vor să uite. Dar există un prag dincolo de care alcoolul nu mai ajută. Indiferent dacă bei ca să uiți sau bei ca să-ți aduci aminte. Amintirile refuză să dispară sau refuză să se clarifice. Stau sub pătura străvezie a justificărilor. Fără ea ar fi simplu să spui unde ai greșit. Fără ea ar fi mai simplu să spui că nu ai greșit deloc.

El era un bărbat care-și sărbătorea libertatea. Fără să poată admite că „libertatea“ asta nu înseamnă altceva decât că nu mai avea cine să-l întrebe unde a stat până la ora aia.

Îl deranja femeia îngrijorată care se temea și de umbra ei. Acum i-ar plăcea să sune telefonul. Atunci îl dădea pe silent. „Nu știu, dragă, era zgomot.“

Îl agasa fraza aia repetată mereu: „Te aștept, nu pot să adorm fără tine.“ Acum i se pare că era mai degrabă o picătură de romantism într-o ciorbă pragmatică. E frumos să te aștepte cineva oricât. Ore. Zile. Chelnerii puneau scaunele pe mese și el nu pleca pentru că nu voia să admită că acum el n-ar putea să adoarmă fără ea.

Tot timpul voia ceva de la el și viața i se părea o listă de cumpărături. Lapte, brânză cu mucegai, struguri, dragoste. De fapt, atunci era frumos. O copilărie neapreciată. O adolescență târzie când te grăbești să crești fără să-ți dai seama că asta te va transforma dintr-un potențial Don Quijote într-unul dintre cei care-și băteau joc de el. E greu să dai valoare unei vieți într-o lume în care valoarea unei vieți nu mai există. Îți trebuie o lume mai mică. De două locuri.

Era un stat decimat de molima singurătății. Un oraș în care nimeni nu mai avea vecini. Era sub demnitatea lui să o caute, dar peste puterile lui să o uite.

Cea mai mare problemă când ești nefericit este că știi că ai fost fericit cândva. Că ai avut femeia destinație care dă un sens drumului. Seara încearcă să adoarmă la TV. Dacă merge direct în pat și închide ochii, parcă o are desenată pe reversul pleoapelor. De ce nu i-a văzut la fel de clar frumusețea când era aievea? De ce trupul lui nu-i ducea la fel dorul când nu-i simțea lipsa? Este iubirea perfectă un tablou pe care îl înțelegi doar de la o distanță? Nu spațiu, ci timp?

Închide ochii. Afară e o realitate. Înăuntru altă realitate. Una pierdută. Una pe care chiar el a închis-o. Ca o ușă din aceea cu yală automată, cum avea când era copil. Dacă ieșeai și se închidea în urma ta, nu mai puteai să intri decât dacă aveai cheia.

El ieșise în pijama și și-a așteptat părinții pe scări. Îi era atât de frig. Și îi era rușine să bată la alte uși. Niciuna dintre ele nu avea vreun înțeles pentru el.

A așteptat. Ca și acum. În pijama. Și acum îi era frig, doar că acum nu mai avea nicio certitudine că va veni cineva.

Viața era prea simplă și nopțile prea sigure. Cine apreciază un miracol care se tot repetă? Dacă apusul de soare ar dura opt ore nu l-ar mai fotografia nimeni!

Era stăpânul ei absolut, atunci de ce acum nu poate să o cheme? Să vină și altfel decât să-i bântuie visele?

Nu e ciudat? Să nu-i mai vorbească gura care-i știa tot trupul?

Casa era plină de amintirile lor. Acum doar ale lui?

Straniu cum aceleași amintiri îl făceau pe el să regrete că a pierdut-o și pe ea că n-a plecat mai devreme. Doar i-a spus-o. Ca o sclavă care nu se mulțumește să-și recâștige libertatea și sare să-și omoare stăpânul, la fel și ea a sărit cu adevărurile ei, tăioase ca niște cuțite ascuțite de răbdarea nerăsplătită. Desigur, el era în viață, dar orgoliul lui era într-un fel de comă.

Închide ochii. Refuză realitatea pentru o „reluare". „Dacă doriți să revedeți selecțiuni din programul unei zile când erați fericit."

Ce să fie? Momentele când era la oglindă și îl ruga să o ajute să-și închidă rochia și ajungea să o dezbrace de tot? Era așa de grăbit și de neatent încât de multe ori scena se termina „în oglindă": cu ea chemându-l să-i închidă o altă rochie. Neșifonată.

Dragostea i se părea o cantitate infinitezimală. Acum realiza că era condimentul vieții. Și l-a luat cu ea pe tot.

Firesc. Doar cu ea venise iubirea. Era firesc să plece tot cu ea ca un „bun dobândit înaintea căsătoriei".

Sânii care dau sens buzelor.

Coapsele care conțin parcă în ele mișcarea.

Ochii care țin în ei toate promisiunile.

Le-a spălat pe toate cu lacrimi. Acum sunt curați.

Pregătiți pentru alte promisiuni.

Pe care i le va face însă... altcineva.

El nu face nimic, dar ar putea să facă? Poți să recucerești ceva ce ai pierdut? Dar pe cineva? Cum?

Întrebarea asta a venit de la mai multe femei și de la un singur bărbat. Nu pentru că pe bărbați nu i-ar interesa, dar suntem mai orgolioși și îți trebuie mai mult curaj să recunoști că nu știi ce să faci decât să mergi mai departe pe un drum greșit.

Știu din proprie experiență că uneori renunți mai ușor la o șansă de a fi fericit decât la mândrie.

Poți să recucerești o femeie? Depinde cât de mult ai... pierdut-o.

Sfârșitul relațiilor nu e ca sfârșitul unui film. The end și gata. Chiar și în filme se mai lasă câte o portiță pentru o continuare.

„Nu vreau să te mai văd niciodată" poate să însemne doar „trebuie să te străduiești mai mult".

Sunt despărțiri de formă, ca atunci când o trupă iese de pe scenă doar ca spectatorii să o cheme la bis. Și sunt despărțiri irevocabile ca o sentință la care nu mai ai voie să faci recurs.

Ar trebui ca bărbatul care a avut o femeie să aibă mai multe șanse să o recucerească? Doar știe deja ce-i place. Știe și ce nu-i place.

Problema e că din lucrurile care ei nu-i plac el a tot făcut. Că altfel nu mai aveam despre ce să vorbim.

Nici femeia, nici bărbatul nu se mai întorc la un partener de la care au plecat dacă nu sunt convinși că acesta s-a schimbat.

Practic, ca un bărbat să recucerească o femeie care l-a părăsit trebuie să o poată convinge că e… alt bărbat. Unul de care nu se reîndrăgostește. Se îndrăgostește pentru prima oară. Nu de dragul a ceea ce a fost, ci de dragul a ceea ce poate de acum înainte să fie.

O femeie trebuie recucerită înainte de a o pierde!

Când flirtezi în fiecare zi cu aceeași femeie ea nu simte că se transformă dintr-o iubire într-o relație.

Când te joci cu un bărbat și suprizele sunt condimentul vieții, el se eliberează de una dintre cele mai mari temeri pe care le avem noi, bărbații: că totul se schimbă când iubita devine nevastă.

Unii cred că nu trebuie să uiți aniversarea voastră, eu cred că fiecare zi poate să fie frumoasă, că doar nu o să ne bucurăm unul de altul cu program.

Ea trebuie să știe că rămâne o prioritate pentru tine, nu ceva de care ești sigur. Ce-i al meu e pus deoparte. Nu e. Ce-i al tău umblă pe străzi printre alți bărbați care vor ceea ce tu nu mai arăți că apreciezi.

Crezi că ea nu știe că ieși de zece ori la țigară, dar nu-ți faci timp să o suni o singură dată să-i spui că o iubești?

Crezi că el nu știe că te aranjezi pentru tot felul de ocazii, dar dacă ieșiți doar voi doi nu te mai străduiești atât, că ai fața obosită și hainele alea sexy sunt incomode?

Cumpără-i flori când nu i-ai greșit și oferă-i cadouri fără să ai o ocazie specială.

Dar mai ales nu uita că are nevoie de complimente și cele mai importante pentru ea sunt cele care vin de la tine.

Recucerește-o în fiecare zi și n-ai s-o pierzi niciodată.

50 ways to leave your lover

Sigur că știi să dai papucii. La treaba asta și la politică toți proștii se pricep.

Așa cum e plictisitor să rămâi toată viața în poziția misionarului, ar fi păcat să te desparți mereu la fel. Și viața are grijă să n-o faci, indiferent ce-ți propui tu.

O să ai despărțiri în care dai și despărțiri în care primești, unele calme, altele isterice, unele în care „rămâneți prieteni" și altele când ai da peste el cu mașina. De două ori dacă nu punem la socoteală marșarierul. Mai important decât know-how-ul dării papucilor este know why-ul.

E bun, dar moale, e rău, dar viril, e urât, dar inimos...

E frumoasă, dar proastă, e bună de sex, dar nu e bună de nevastă, e inteligentă, dar... de fapt, e prea inteligentă și nu mai par eu supererou...

Nu cred în liste de pro și contra.

Nu-ți trebuie un tabel ca să-ți dai seama dacă ești fericit sau nu. Fericirea și guturaiul sunt două lucruri evidente.

Nu. Nu cred că e suficient s-o iubești. Iubirea nu te face neapărat fericit. Ba chiar din contra. Nimic nu te poate face să te simți mai mizerabil decât iubirea.

Am un prieten care s-a despărțit de curând de o femeie pe care mulți o considerau perfectă. Nu-l mai făcea fericit. Este el fericit acum? NU. Dar nefericirea de acum e mai bună decât senzația călduță pe care o avea înainte.

Nefericirea asta reprezintă șansa lui la o nouă fericire. Una reală. Știu asta pentru că am întârziat și eu în piscina cu apă stătută.

Viața nu e chiar așa scurtă, dar partea ei cea mai mișto începe pe la 16 ani și la 40… se termină.

Crede-mă, nu vrei să ajungi să descoperi iubirea la 35, după ce ai pierdut opt din cei mai frumoși ani… și să exclami în plină revelație erotică „fuuuuck, deci așa trebuie să fie!!!“.

#necenzurat

NU TE MULȚUMI CU O „RELAȚIE“. MERIȚI O IUBIRE.

Meriți să cazi și să simți că ai ajuns mai sus.

Meriți să-ți pierzi liniștea și să nu-ți pese unde s-a dus.

Meriți, femeie, să te doară genunchii și gura de atâta dragoste. Să dormi ca după o noapte pierdută când noaptea e de fapt câștigată.

Meriți tu, bărbate, să îți fie greu să ascunzi cât de puțin contează părerea celorlalți. Meriți să înțelegi diferența dintre „a face dragoste“ și „futut“ cu care te plictiseau femeile pe care nu le-ai iubit. Surprinzător, tocmai acum când ea îți spune „fute-mă“ și îți cere să o „pedepsești“ , iar tu simți paradoxul suprem: să te supui dominând-o.

Meritați amândoi acel moment când aproape nu mai e nevoie să ceri. Și când, dacă totuși ceri, știi că-i faci celuilalt o bucurie pentru că-l lași să știe ce ți-ar plăcea.

Nu mai e nevoie să vorbești. Vorbele astea pe care le-ai mai spus par murdare și rupte. Ai nevoie de cuvinte noi pentru că acum ai găsit noi sensuri!

Când o săruți pe gură după ce ți-a făcut multe cu gura aia și realizezi că tu o respecți mai mult decât pe femeile cărora le săruți mecanic mâna și le spui: „După dumneavoastră" la ușa biroului tău. Pe ea o conduci cu privirea până la baie când pleacă din pat transpirată și lasă în urmă un parfum de sex și fericire.

Ai vrea să-i faci un compliment. Dar vorbele sunt aer gol.

Sentimentele îți umplu capul și parcă scriu o nouă logică, simți că ai febră, dar aerul cald e la fel de gol.

Ești un om cult, dar acum știi că viața s-a săturat de aduceri aminte, de lecții învățate pe de rost. Viața îți cere să inventezi cel mai frumos compliment!

Ne-au păcălit ca la integrame, definiție: Cel mai frumos compliment, din două cuvinte, orizontal (pentru cei mai în vârstă, cei tineri pot și vertical), ghici ciupercă... ce-i. Te iubesc, desigur! Cel mai frumos compliment. Clișeul suprem.

Sentimentele care au nevoie de publicitate nu prea au profunzime, dar noi parcă suntem setați: doar ne spune cineva „Te Iubesc" și gata! Adăugăm dragostea pe lista lui (sau a ei) de calități: uite, dragul de el, e drăguț, are un venit stabil (și așa sper să fie și sentimentele lui)... și... mă iubește. Wow! Ce de calități.

Faptul că te iubește nu e o calitate a lui. E o calitate a ta! Că ești... de iubit.

Eu nu sunt un om mai bun pentru că ascult, acum în timp ce scriu, Simfonia a 9-a de Beethoven! Nu e meritul ascultătorului, e meritul compozitorului. Sunt milioane de urechi și un singur Beethoven!

Pentru mine cel mai frumos compliment este să nu spună „dacă nu-ți place, găsește-ți alta" sau „nu-ți convine... pleacă".

Cel mai frumos compliment este să împarți primul loc de bună voie, când erai obișnuit să fie al tău fără concurență.

Cel mai frumos compliment...

...este când schimbi.

Uneori schimbi tot, chiar dacă asta înseamnă să pierzi tot... pentru un nou început...

E șocant, dar cel mai frumos compliment pe care îl poți face unei femei este când, încet-încet, nu mai ești bărbatul de care s-a îndrăgostit.

Te plăcea pentru că erai nebun. Erai nebun, acum te gândești altfel la riscuri. Pentru că viitorul nu mai e doar al tău. Îți păstrezi nebunia pentru nopți, că doar o noapte bună nu e una în care dormi, și responsabilitatea pentru fiecare zi.

Erai omul care dobora un rival cu un cuvânt, acum ești omul care clădește cu fiecare acțiune. Iubirile de o vară pot să fie aroganțe, o familie e în primul rând o echipă.

Iubirile de o vară sunt castele de nisip. Nu poți să-ți crești copiii în castele de nisip.

Nu. Nu mai ești bărbatul de care s-a îndrăgostit pentru că înainte, cu cât lăsai mai puțin impresia că te atașezi, cu atât se atașa ea mai tare. Îi ziceai: Îmi spui cam des „te iubesc!“ Acum îi spui zilnic că o iubești. Pentru că știi cât de mult înseamnă pentru ea. Iei cuvintele cele mai frumoase ca pe niște flori și i le aduni într-un buchet de complimente.

Înainte, parcă și distanța nu făcea altceva decât să vă apropie și mai tare. Poate o și cultivai. Distanța asta. Păstrai un pic de mister, Mister. Acum vrei să mergi peste tot cu ea. Să-i arăți orașe și munți, și mări ca tot atâtea rame în care voi sunteți tabloul.

Înainte, o ascundeai prin camere de hotel, acum, ai vrea să-i dai cheile lumii.

Înainte, îi chemai un taxi, acum, mergi cu câteva minute mai devreme în parcare să încălzești mașina.

Și micul dejun? Pentru tine cel mai bun mic dejun era... încă o oră de somn. Iar acum, cel mai bun mic dejun se ia în pat pentru că ești în patul cui trebuie.

Ora nu contează! Cel mai bun mic dejun poate să înceapă la miezul nopții și nu ține cont nici de dietă și nici de buget: o tonă de ciocolată sau o felie de pâine uscată sunt exact ce vrei.

Mic dejunul perfect îți bucură gura. Care începe să spună prostii la foc automat. Îți bucură ochii. Mai ales atunci când nu te uiți în farfurie. Îți bucură degetele fără să le lingi. Cel puțin nu pe ale tale. Îți bucură nasul, așa cum e el turtit de alt obraz care ba nu s-a demachiat încă, ba nu s-a aranjat, dar arată și miroase atât de bine.

Golanii spun că pentru un mic dejun perfect trebuie să ai ouă.

Uneori îl pregătești tu, alteori ți se aduce, dar adevărul e că micul dejun perfect, la fel ca o cafea bună, e doar un pretext pentru fericire. Și are parfum de femeie.

Adora felul în care o dominai. Pe ea, care face inimile să bată în ritmul tocurilor de zece centimetri...

Acum sunteți o echipă. O întrebi când iei o decizie. Uneori te întrebi dacă asta te face să pari mai puțin sigur pe tine.

Nu îndrăznea să-ți ceară o oră în plus. Păreai atât de ocupat. Acum timpul fără ea ți se pare pierdut. Pierdut ești tu? Te-ai schimbat atât de mult.

Nu mai ești bărbatul de care s-a îndrăgostit.

Dar asta e foarte bine.

Acum ești un bărbat mai bun.

A cincea poveste care pare să nu aibă legătură cu nimic

Picture this!

Era așa de frig în studioul ei de pictoriță, dar rar realizau asta. Erau ziare vechi în loc de storuri, lipite direct pe geam. Când voiai să te uiți afară parcă vedeai spre înapoi. Spre o lume care nu mai exista, cu titluri-bombă și oameni importanți prinși în prenadez. Ca muștele în hârtie lipicioasă.

Mulți dintre oamenii aceia muriseră între timp.

Parcă doar noi existăm, zise el.

Poate cât suntem aici. Când ieși pe ușă, mai există și nevastă-ta. Poate când ieși pe ușă, nu mai exist eu…

El realiză că, dacă mai vorbesc, se vor certa. Și dacă se vor certa, o să se mai culce o dată cu ea. Așa, pe gol, nu mai avea niciun chef. Dar o ceartă bună o făcea de fiecare dată și mai frumoasă. Așa că spuse ceva ce o enerva de fiecare dată.

Partea proastă cu lucrurile care ți se tot spun este că la un moment dat chiar și simpla lor menționare te scoate din sărite. Partea bună e că în cinci minute erau în pat. N-a lăsat-o să-și dea jos pantofii și acum le simțea tocurile pe fese. Îl enerva teribil gândul că nu era un călăreț, ci un cal. Călărit invers.

Cine a sedus pe cine?

Cine era păcătosul și cine tentația? Totul atât de clar încrucișat, ca niște zale fără început și sfârșit, ca niște aliaje care nu se mai pot separa în materiile lor prime, ca un contract făcut de

Dumnezeu sau de aghiotantul lui de la termocentrala pe bază de carne.

Care dintre ei era cerneala și care tocul care scria pe palimpsestul timpului? Timpul ăsta second hand, pe care s-a mai scris, de pe care s-a mai șters.

Care dintre ei era cerneala care se va termina, care tocul care se va frânge?

Îi veni să râdă la gândul că s-ar putea duce la preot să se spovedească. Cu povestea asta cu palimpsestul și tocul și cerneala. Și că preotul îi va spune zâmbind: Fiule, asta e o problemă pentru un grafolog... Tu trebuie să afli al cui e scrisul.

I se păru atât de amuzant încât îi șopti și ei povestea la ureche. Nicio femeie din viața lui n-a râs așa. Total și dezarmant și cu el înăuntru. Era ca și când zeci de valuri mici s-ar urca și s-ar lăsa în flux și reflux. Termină râzând.

Viața era ruptă ca două jumătăți de pâine: una albă, alta neagră. Teoretic, ai din două jumătăți o viață... „integrală".

Când el a plecat era prea bine dispus ca să vadă mașina aproape aburită parcată în apropiere. Nici ochii celeilalte femei. Care n-aveau ștergătoare. Le-ar fi trebuit...

A doua zi, lângă studioul cu ziare în geam parca aceeași mașină. Jumătate pe trotuar, chiar lângă anunțul: Realizăm portrete după model sau fotografie!

O femeie zveltă, cu ochelari de soare la ochi, intră făcând clopoțelul de la ușă să sune vesel:

Bună ziua, aș dori să comand un portret de familie...

Sigur că da, ce dimensiune?

Mărime naturală se poate? Sau măcar jumătate. După fotografie. Sunt trei personaje, eu, soțul și copilul nostru...

Pictorița zâmbi: O să vă cam coste...

Femeia zâmbi și ea și spuse foarte încet: Deja am început să plătesc...

Pictorița n-a înțeles, dar nu i s-a părut că scăpase ceva esențial așa că nu i-a cerut să repete: Aveți fotografia la dumneavoastră?

Sigur că da. Din poză îi zâmbea *el*. Între un copil indefinit și o femeie cât se poate de ușor de recunoscut.

E greu de făcut? Îl și livrați dacă vă las o adresă?

Încercă să-și păstreze cumpătul: Desigur, în cât timp îl vreți acasă?

Ce faci când iubești un bărbat care nu e al tău?

• Varianta morală? Nu te bagi.
• Varianta libertină? Nu te implici.
• Varianta mea? Dacă tot te-ai băgat... și n-a fost doar sex... **încearcă să NU**:

...te simți vinovată

N-o să poți, dar măcar să nu te simți vinovată pentru că-i dai viața peste cap, că-i spargi căsnicia etc.... Dacă era așa mișto la el, n-aveai loc.

Simți că fericirea ta are fundația pe o minciună. Așa este. E o fericire născută din nefericire, una care, în cazul că și-ar părăsi familia pentru tine, e o fericire generatoare de nefericire, dar alegerile dificile ne definesc mai mult decât momentele de acalmie. Cine suntem sub stres e mai relevant decât cine vrem să credem că suntem când nimic nu ne tulbură.

Din poveștile fericite nimeni nu învață nimic. Credem că ni se cuvin.

...intri în competiție cu cealaltă

Să te dovedești mai frumoasă, mai bună la pat, mai înțelegătoare. Să-i ceri dovezi că te iubește mai mult. Că la tine ține cu adevărat. Că ea contează din ce în ce mai puțin. N-ai nicio treabă cu ea, nu e tango în trei. Treaba ta e cu el. E bărbat și tu l-ai pus într-o situație în care trebuie să aleagă, fără să-i ceri tu să aleagă. Dacă nu o face singur, nu are nicio valoare.

Orice bărbat știe că nimic nu este mai incomod decât să-ți ceară amanta, în plin act sexual, să-i spui că e cea mai bună din viața ta. Nu faci altceva decât să o aduci și pe cealaltă în pat cu voi. Decât să o aduci mental, mai bine o aduci fizic. Îi împlinești și lui o fantezie.

Știu că mulți tineri se vor grăbi să spună că asemenea întrebări nu există. Cei mai experimentați știu că și amantele vor certitudini. Indiferent cât de nefiresc pare în raport cu situația e firesc în raport cu natura femeii.

... încerci să te transformi în a doua soție

O relație extraconjugală cronică e fix ce nu vă trebuie. Eventual să ajungi să și gătești ca ea.

Poate faceți și schimb de rețete...

Stabilește-ți un prag de timp! Cât poți să accepți o asemenea relație. Apoi respectă-l orice ar fi. Dar nu stabili limita peste douăzeci de ani!! Unul e deja prea mult!

Știu că pare imposibil, dar vei ajunge să simți că ai o obligație față de un bărbat care are... alte obligații!

Tu nu ești în relația asta pentru că știi să gătești, ci pentru că știi să-l fierbi.

Dacă-i oferi ce are acasă, de parcă ar fi un casting și îți dovedești că ești bună de soție, n-ar strica să te gândești că nu a apreciat ce are acasă. În loc să se mute cu tine o să vă părăsească pe amândouă. Pentru o a treia.

...oferi necondiționat, doar de frică să nu te părăsească

Cu cât ești mai sigură, cu atât ești mai neinteresantă.

Bărbatul care cere exclusivitatea pe care nu o oferă are niște probleme mult mai mari decât că-și înșală nevasta. Cum să fie gelos, când merge în fiecare noapte într-un alt loc, numit acasă?

Un pic de reciprocitate.

...te minți singură

Lasă-l pe el! Măcar atât să facă!

...îl lași să pozeze în victimă

Nu e. E bărbat. Dacă tu nu-l ai decât pe el, iar el mai are pe cineva, e destul de clar cine e victima!

El e un „victim".

Haideți să o luăm frontal: cum arată un bărbat plângând pe umărul unei femei, genul care vrea să agațe povestind cât de greu îi e acasă cu nevastă-sa?

De curiozitate, când stai cu un asemenea exemplar într-un pub și încearcă să-și justifice dorința față de tine prin lipsa dorinței nevestei față de el, nu te întrebi instinctiv două lucruri?

Primul: Cum a ajuns să nu mai aibă acasă ce-i trebuie?

Și al doilea: Meriți să fii a doua opțiune? Nu-l vrea cealaltă, așa că se mulțumește cu mine?

Era și un banc cu bărbatul care vine acasă și îi propune nevestei să facă sex. Ea îi spune: „Nu pot, dragule, că mă doare rău capul."

La care el: „Da' astăzi pe toate vă doare capu'?!"

Jalnic.

Poate cel mai amuzant specimen e acela care (proaspăt întors de la curve) se plânge prietenilor că ți-a citit nu știu ce mesaje pe Facebook în care te conversai cu unul.

Știi de ce?

Pentru că pe noi — indiferent că suntem femei sau bărbați — ne deranjează mai puțin ideea unei relații extraconjugale a celuilalt. Ne deranjează că s-ar putea ca acela să aibă o iubire extraconjugală. În timp ce noi doar facem sex.

Lupi moraliști. De ambe sexe.

Diferența dintre erotic și porno e felul cum pui lumina și disponibilitatea pentru public. Un domn cu mulți bani, dar și foarte reușit mobilat la mansardă, justifica la un moment dat de ce a renunțat la o domnișoară după ce aceasta a apărut goală într-o revistă pentru adulți: Nu-mi place să vadă toată lumea pentru nouă lei ce văd eu plătind mii de euro.

Ei i se părea că așa se demonstrează dezinhibată și independentă.

Lui i se părea că e doar obraznică și mediocră.

Cântărețele cu sâni frumoși sunt mult mai numeroase decât cele cu voce. Voce nu poți să-ți pui. Ca atare, vedeta lui a rămas o vreme... solistă. Să revenim la bărbați.

Fie că e un fals victim, fie că el chiar se vede într-o postură de nefericire pe care trebuie să și-o arate, victimului ar trebui să i se interzică să mai poarte pantaloni.

Poate greșesc eu, dar cred că pentru un bărbat un singur lucru e mai penibil decât să se laude: să se plângă. Femeilor le plac bărbații pentru că sunt bărbați. Dacă vor un copil plângăcios își fac unul. Nimeni n-a zis că viața e ușoară. Nici măcar viața de cuplu. Ești bărbat, intră în pachetul standard o pereche de bile, poartă-te ca atare!

Un sfat de DJ

…nu asculta muzici triste… care parcă vorbesc despre ce ai tu… sau mai degrabă despre ce nu ai tu…

Se spune că „atunci când ești fericit asculți muzica; când ești nefericit înțelegi versurile".

Nu e așa. E o nostalgie de împrumut. O suferință de telenovelă. Gândește-te un pic câte femei din lumea asta nu au ascultat *Adèle* fiind convinse că situația li se potrivește perfect.

Acum imaginează-ți-le pe toate plângând în același timp. Un cor mondial al bocitoarelor.

Ultimul punct:

Nu te victimiza nici pe tine

De multe ori amanta cuiva e soția altcuiva sau prietena oficială a cuiva.

În mod normal ar trebui să aleagă, dar își spune că nu poate.

Eu cred că poate a și făcut-o. Să amâni alegerea e tot o alegere. Femeia se tot amăgește singură că îi iubește pe amândoi „diferit". Ea știe foarte bine că pe unul dintre ei nu-l mai iubește deloc. Dacă-l iubea pe unul, nici nu-l lua în calcul pe celălalt, iar pe asta n-am spus-o numai eu. Nouă, bărbaților, când ne spun mai mulți prieteni că suntem beți, mai întâi protestăm, dar apoi ne ducem la culcare.

Singurii doi bărbați pe care poate să-i iubească o femeie în același timp sunt soțul și băiatul ei. Care, invariabil, trece de la faza în care nu se mai dezlipea de fustele ei, la faza când nu-i mai răspunde la telefon și fuge după fustele altora.

Toate mamele vor recunoaşte după un pahar de tărie că sunt puțin geloase pe iubitele băieților lor

Bărbații ăștia eligibili și puși pe treabă, pe care femeia îi iubește în același timp sunt o poveste. Ce e adevărat în ea nu e că femeia nu știe pe care îl iubește, ci că uneori nu știe pe care să îl aleagă.

Asta e cu totul altă poveste. Bărbații au fost mereu demonizați în texte feministe de doi lei, că nu fac din sentimente supremele argumente. Și totuși, cei mai mari poeți, cei mai dramatici compozitori și cei mai valoroși pictori sunt bărbații. Pentru că e tocmai pe dos.

Femeia e mai cerebrală în alegerea partenerului, pentru că ea nu caută doar un iubit cu care să se hârjonească prin pat. Caută și un tată pentru copiii ei.

Dacă se poate să fie doar carne macră ca David Beckham, deștept ca Einstein și cu darul cuvântului ca Eminescu e foarte bine. Dar cele mai multe femei pot să renunțe (chiar cu părere de rău) la toate astea pentru un contabil cu salariu bun, plătit la timp.

Am fost de zeci de ori pus în fața acestei dileme. Ale unor femei care iubesc doi bărbați. Colege de birou, străine care băuseră prea mult, chiar și femei cu mintea la ele, carieră și copii acasă.

Când s-au desprins din izmeneală, din ipocrizie, toate au reușit să-și răspundă singure: nu iubeau decât pe unul, dar cel pe care nu-l iubeau sau nu-l *mai* iubeau... părea mai sigur.

De ce preferă femeile bărbații mai în vârstă

La un concurs de voci a venit un tânăr cu prietena lui pe care o iubește mult, deși o cunoaște de mai puțin de o săptămână. Nici nu îndrăznesc să mă întreb dacă a luat în calcul doar zilele lucrătoare sau și weekendul...

Reușește să o jignească pe ea și restul lumii în timp ce se laudă pe sine: puștiul a realizat că fetele frumoase sunt atrase de băieți cu un intelect scăzut. De unde deducem că el și-a ales o urâtă, de deștept ce e.

Să te mai miri că femeile preferă bărbații mai în vârstă!

Pentru că ei se îmbracă mai bine (în haine) și pentru că le dezbracă mai frumos pe ele din cuvinte.

Pentru că știu să vorbească unei femei, dar mai ales știu când ar trebui să tacă.

Pentru că sunt în stare să domine o divă în devenire, iar faptul că ești frumoasa liceului n-o să le înmoaie picioarele, o să le întărească pula.

Și mie mi se părea aiurea când eram în a IX-a. Ce căutau colegele mele cu studenți? Probabil altceva decât un sărut.

Așa cum studentele căutau la bărbații căsătoriți altceva decât o ejaculare precoce.

Îmi pare rău, domnilor. Ne coacem mai greu. Cât suntem cruzi ar trebui să facem măcar mai puțină gălăgie.

Diferența de vârstă e mereu discutată în termeni de bine și rău. Alb și negru. De cele mai multe ori chiar cu referire la păr.

E bine? E rău?

Un grizonant cu o majoretă?

O femeie care își privește tinerețea uitându-se înapoi, cu un artist care are toată viața înainte?

Românii rezolvă repede: ea cu banii, el cu anii. În multe cazuri așa e. Pe noi ne interesează, desigur, celelalte.

Sunt femei care erau convinse că s-au îndrăgostit de un bărbat mai în vârstă și cu mai multe posibilități materiale decât motrice fără să realizeze că de confort s-au îndrăgostit. Când și-au dat seama, credeți că au renunțat la bărbat și la confort?

Despre cele care au vrut, au avut, iar în unele cazuri au și păstrat un bărbat care are ce discuta cu socrul mic pentru că au făcut armata împreună, îmi e teamă să mă pronunț.

#necenzurat

OAMENII SUNT MAI DISPUŞI SĂ JUDECE DECÂT SĂ ÎNȚELEAGĂ.

Nicio schimbare de guvern nu va fi vreodată discutată în plenul asociației de locatari, dar un cuplu în care ea e mai în vârstă cu zece ani va bate orice record de comentarii. Ce e drept, asta și pentru că de cele mai multe ori se întâmplă invers.

Bărbații caută remediul pentru chelie de când s-a inventat femeia mai tânără. Înainte de inventarea ei, bărbatul privea chelia fără reproșuri, ca pe un upgrade. Adio păr vâlvoi, coafura rezistă.

Ați râs?

Foarte bine.

Urmează directa de stânga.

Alegerea unui partener mai tânăr înseamnă în primul rând negarea propriei vârste. *Re*negarea propriei vârste.

Nu e atât frică de moarte, cât frică de bătrânețe. Desigur, e greu să admiți. Dormi pe ideea asta și înjură-mă abia mâine! Tu vrei să păstrezi clipa în loc, ca Faust, dar în loc să recurgi la vrăji complicate și să-ți dai sufletul Diavolului, îl dai unei diavolițe care, atunci când tu ieșeai din liceu, abia ieșea din uter!

Sau tu, femeie, vrei să simți fluturi în stomac, ca în liceu, deși nu mai arăți ca în liceu. Ei bine, atunci măcar el să arate!

Unii cred că al doilea motiv este că vrei să demonstrezi că mai poți. Mai ales femeile simt nevoia să mai facă un ultim tur de pistă (scuzați de expresie, n-am intenționat nicio analogie).

Este un cântec de lebădă al frumuseții. Femeile știu bine cât de trecătoare este frumusețea și vor să-i aducă un ultim omagiu: bărbatul mai tânăr.

Directa de dreapta: În majoritatea cazurilor în care diferența de vârstă e mare, relația seamănă cu una profesor-elev. Unul dintre parteneri îl crește pe celălalt. Ca în programul petrol-contra-hrană, așa avem noi idei-contra-scântei sau creier-contra-trup.

Ce urma la box? E prea târziu să încerc o eschivă. Cred că intră lovitura de KO.

Compatibilitatea nu o dă vârsta. O dă nivelul. Și chiar dacă unul dintre ei pare mai mare, s-ar putea să fie doar… mai bătrân.

A șasea poveste care pare să nu aibă legătură cu nimic

Ce mâini reci și ce priviri incandescent de obraznice.

Amândoi sunt ca la intrarea într-un club unde ți se cere o parolă pentru acces.

O spun amândoi: Știu foarte bine ce vreau.

Sex.

Atât.

Și dacă la inima unei femei se poate ajunge prin vagin?

Taci, zici că e o replică dintr-un film de groază!

Dar ție îți plac filmele de groază!

Ești un nesimțit.

Dacă îți plăceau ăia simțiți stăteai acasă.

La recepția hotelului li se cere „un act de identitate". Ea se panichează. El face o glumă în șoaptă: „Act de identitate? Nu eram aici pentru un act sexual?"

Ea se enervează de-a dreptul: E cea mai proastă glumă pe care ai făcut-o astăzi!!

El dă „buletinul" și spune rece: E suficient doar al meu, suntem căsătoriți.

E foarte adevărat. Doar că fiecare cu altcineva.

Ea a venit cu lenjerie intimă sexy în poșetă.

Dacă te prindea?

Un gentleman nu umblă niciodată în poșeta unei doamne.

Păcat, uite ce-a pierdut. :)))

Ea se duce să se schimbe în baie. El se simte ca la teatru. Ușa de la baie e cortina. Dincolo de ea, în culise, diva.

Ce frumoasă e iubirea la „premieră".

Fiecare dintre ei e și actor, și public.

Aveau niște replici învățate, dar le-au uitat.

Ea are trac. Nu vrea să urce pe patul ca o scenă. Se plimbă prin fața lui, ezitant, în lenjerie intimă și pe tocuri.

Prea multe gânduri, prea puțin vin.

Ar vrea să-l întrebe „Cum arăt?", dar se teme că a exagerat și el îi va spune „Ca o pițipoancă".

Se teme degeaba. Niciun bărbat nu spune ce gândește înainte de prima partidă de sex cu o femeie. Toți spunem ce credem că trebuie.

Iar ea e atât de frumoasă încât orice minciună pare justificată. Simte că trebuie să o ajute. Nuditatea ne încurcă doar când celălalt e îmbrăcat.

Vrei să-mi scot cămașa?

Bravează: Nu, pantalonii. Mă ocup eu. De fapt știe că mâinile îi tremură atât de tare încât nu e în stare să deschidă câțiva nasturi. Cu un fermoar s-ar descurca mai bine.

Încearcă să o facă în timp ce îl sărută, dar nu merge și se lasă în genunchi. Să vadă mai bine.

E rândul lui să piardă controlul. Acum i se pare că doar a mimat nepriceperea. Pe femeie o stimulează ideea că are un partener mai experimentat. Pe bărbat îl blochează. Ca atunci când mergi pe o stradă dubioasă și fluieri nepăsător ca să nu se vadă că te temi, încearcă să se scoată cu o glumă.

Oare cum a explicat ea acasă genunchii ăia vineți?

Zilele trec.

Dar parcă numai nopțile le rămân. Numai de ele își amintesc. Câte o noapte la șapte zile. Restul nu e timp, e așteptare.

E preludiu. Când se întâlnesc nu mai vorbesc aproape deloc.

Indiferent cât de mică e poșeta, mereu încape în ea și lenjeria intimă.

El o sună la o oră sigură și o întreabă ce vin să ia.

Parcă sunt într-un fel de căsnicie: „Dragă, ce vrei să iau în drum spre hotel?“

Vinurile se schimbă: alb, roșu, roze, șampanie. Demisec. Sec. Sex.

Lenjeria intimă se schimbă și ea: neagră, nude, albă.

Fără să-și dea seama s-au schimbat și ei.

Am un cadou pentru tine. De Crăciun. Lenjeria aia de crăciuniță a ajuns în poșetă fără să mai știe cineva de ea.

Cu asta ce faci?

O arunc în drum spre casă.

A doua zi l-a sunat: Știi ce? Am uitat-o-n taxi! În taxi! Căciulița, sutienul, chiloțeii.

Bine că suntem români. Dacă eram nemți te trezeai cu taximetristul la ușă. Să-ți returneze bunurile pierdute. Să te văd dacă răspundea bărbatul. :))

Să nu faci promisiuni când ești fericit.

Să nu pui întrebări dacă nu ești pregătit să auzi răspunsurile de care îți e teamă.

Ce planuri de viitor ai? întreabă el inoportun.

Planurile mele de viitor cu tine se întind doar până la ora 4 a.m. Ce ai? Vezi să nu pierzi caii!

El tace.

Apoi oftează:

Mi-ar plăcea să am și dimineți cu tine.

Ea se uită la el cu milă. Și ce reputație bună avea! Amantul perfect. Fără complicații. Nu sună când nu trebuie.

Ce-ar fi să te măriți cu mine? spune el. Vreau mai mult…

Tu chiar crezi că să și dormi lângă mine înseamnă mai mult?

Să-ți spăl hainele și să le usuc înseamnă mai mult?

Să te laud când îți calci singur o amărâtă de cămașă înseamnă mai mult?

Păi, dacă înseamnă așa un mai mult, de ce nu ești acasă, să sforăi lângă nevastă-ta?

Ai tupeu să mă critici!

Ai tupeu să mă ceri. Când nu sunt nici măcar divorțată!

Mi-ar plăcea să am și dimineți cu tine.

Nu are niciun rost. Ar strica totul. Și... în plus... într-o iubire diminețile nu sunt începuturi. Începuturi sunt serile. Diminețile sunt doar cuprinsul unei cărți pe care nu poți să o publici. Și pentru că rămâne neștiută, pare mult mai bună decât e ea de fapt.

#necenzurat

CARE E DEFINIȚIA UNUI CUPLU PERFECT? UN BĂRBAT ȘI O FEMEIE DESPRE CARE NU AVEM SUFICIENTE INFORMAȚII.

În caz că nu te-a trezit cafeaua, îți vei da seama că adevărul frige mai tare. Și e mai amar și mai util. Uneori și mai negru.

Cum vreți în dimineața asta adevărul?

Cu două de zahăr?

Macchiato?

Machiato ești tu.

Adevărul e de cele mai multe ori un espresso scurt, din gânduri râșnite pe loc.

Și niciodată nu e mocca.

Spre deosebire de cafeaua pe care o duci la buze, adevărul are buzele ca punct de pornire. Şi fiecare pereche de buze care îl rosteşte îi schimbă gustul, aroma, menirea.

Pentru unii e revelaţie, pentru alţii ruşine.

Pentru unii e absolut, pentru alţii e perisabil.

Eu sunt din a doua categorie. Nu vreau adevăruri expirate. Ţinute în dulap lângă schelet până când s-au stricat. Îmi e scârbă de adevărurile inutile. Vorbele care nu s-au spus la timp ar trebui să nu mai fie spuse niciodată!

Un adevăr spus când trebuie se încarnează într-o schimbare. Unul spus prea târziu te bântuie sub forma unui regret. E fantoma unui om care nu a trăit niciodată. Regreţi un trecut care nu s-a întâmplat. La ce-mi mai foloseşte dacă nu am ştiut când tot trecutul acesta era viitor?

Un cuplu perfect se bazeză pe aceste adevăruri care nu se spun.

Mamele noastre aveau o vorbă: măciuca aia blondă-n blugi e o spărgătoare de căsnicii. Iniţial am vrut să aflu de unde ştia mama că măciuca era blondă şi-n blugi... Apoi, dacă într-adevăr căsniciile sunt ca peştele de sticlă de pe televizor: casante.

Toate căsniciile sunt din interes. Am tot interesul să te ţin lângă mine, aşa că facem un contract pe durată nedeterminată — numită solemn „până ce moartea ne va despărţi" —, se poate mai nedeterminată de atât? E ca o plecare în vacanţa de pe lumea ailaltă, fără măcar să stabilim care din noi face primul check-in-ul.

Un singur lucru e sigur: e mai rău decât la zborurile low cost. Măcar ăia te lasă să iei ceva cu tine, mai un bagaj de mână, mai un laptop... Dar să nu divagăm...

În contractul ăsta eu îţi vând prezentul meu şi o bucată din viitor.

Contravaloarea?

Prezentul tău şi o bucată din viitor.

Deja mi se pare că vindem ceva ce nu deţinem.

Halal bază.

Așa că... da. Căsniciile sunt ca peștele ăla de sticlă: casante și demonstrative.

Tot ce ați auzit rău despre mine nu e numai adevărat. E doar o mică parte din ce-am făcut.

De unde atâta experiență, dacă nu din greșeli?

Cred că n-am făcut niciodată parte dintr-un cuplu perfect.

Ăștia sunt ca Moș Crăciun: nu discută niciodată în contradictoriu, nu se ceartă niciodată când aleg mobila, nu sunt niciodată triști. Parcă sunt nebuni sub tratament în filmele americane!

La vie e un vin roze.

Eu nu vreau o relație perfectă, vreau o iubire care să mă consume cum consumă flacăra lumânării chiar sursa propriei vieți.

Să mă îngrozească și să mă fascineze în același timp ca ochii unui șarpe care-și hipnotizează prada.

Să mă mângâie ca degetele unui copil pe obraz și să mă biciuiască fix ca un stăpân de sclavi.

Și e bine să ai grijă ce-ți dorești, că s-ar putea să... mi se fi întâmplat deja :-))))

Nu poți să-ți oferi inima dacă nu-ți pierzi mințile. Iar cuplul perfect pare întotdeauna format din oameni cu scaun la cap.

Care, dacă într-adevăr au scaun la cap, când simt că nu mai merge se despart cu mult scandal în casă, dar fără niciun cuvânt greu în public.

Nimeni nu e furat dintr-o relație. Dacă a plecat, înseamnă că deja nu mai era acolo.

A șaptea poveste care pare să nu aibă legătură cu nimic

Unde marea întâlnește pământul, sub un soare crud, într-o lumină care își bate joc de dorințele oamenilor, am văzut un bărbat însoțit de o femeie singură.

Cât de greu e să suporți singurătatea asta însoțită.

Singurătatea asta desperecheată. Dar machiajul ei era impecabil...

Cerul se prelingea pe pământ în lacrimile dulci ale ploii. În lacrimile acelea nesărate ca o glumă spusă de prea multe ori. I-am văzut din nou. Ea era străvezie...

O hologramă tangibilă.

Doar ochii. Numai ochii îi mai legau sufletul de lumea noastră în vreme ce el încerca să i-l lege de al lui cu tot felul de daruri în formă de ac, precum cele care prind iremediabil fluturii.

Căldura nu se lăsa alungată când el încerca să o păstreze ca pe o fotografie alb negru deasupra patului.

Cât de asemănătoare sunt roșul răsăritului și cel al apusului!

Ținea în mână o ramă goală. Fotografia se reîncarnase doar ca să plece...

I-a cerut un ultim sărut.

Buzele lor s-au atins fără rost...

Ultimul sărut se întâmplase demult.

Niciunul dintre ei

Nu și-l mai aducea aminte.

Iubește-mă cu voce tare

Sunt multe situații în care o dragoste trebuie să rămână ascunsă. Una ar fi când se împotrivește familia. De exemplu, soția lui… sau soțul ei…

Sunt și mai multe situații în care stă și se uită la tine ca blonda-n meniu pentru că nu știe ce să comande.

Nu știe dacă te vrea fast-food sau la pachet pentru acasă. Și pentru că nu s-a decis ce vrea, nici nu poate să spună ce vrea de la tine.

Cum ar fi dacă ne-am spune cinstit tot ce vrem? Numai ce vrem.

Te vreau pentru sex.

Te vreau pentru că nu mă ascultă nimeni altcineva și n-am bani să merg la psiholog (o canapea avem toți prin casă)…

Nu facem asta. Și cred că e foarte bine!

Totuși, tu știi ce vrei de la ea. *Ea* nu s-a decis.

Tu te gândești la o cerere în căsătorie, dar n-ai cum s-o ceri, că n-ai cui… ea nici nu se gândește să te prezinte.

Sau invers.

Ea și-ar tatua numele lui pe pielea ei fină, el are șoricul gros și n-o lasă nici să-i dea tag pe Facebook…

Toți am fost ilegaliști cel puțin o dată sau măcar… circumspecți. Dar pentru că eu nu m-am întâlnit niciodată cu femei care aveau IQ-ul cât talia, amândoi am știut de ce nu vorbim. De ce nu ne afișăm.

Și uite… tu stai și mă citești și nu ești lobotomizată.

Ești doar îndrăgostită. La prima vedere, nu e mare diferență, la a doua, e uriașă. Lobotomizarea e ireversibilă… îndrăgostirea se rezolvă cu dușurile reci ale indiferenței…

Stai și mă citești și vrei să-l crezi că nu spune „Te iubesc" pentru că nu e pregătit. Că doar se știe că e nevoie de cel puțin o oră de încălzire cu joc de glezne pentru două cuvinte!

Stai și mă citești și vrei să-l crezi că numai proștii își pun pe Facebook „in a relationship".

Stai și mă citești și vrei să crezi că, pur și simplu, i se umflă degetele și nu mai poate să poarte verigheta aia.

Sau că e ateu și n-are rost să vă căsătoriți, în niciun caz la biserică…

Draga mea, nu știu cât de necredincios îi este el lui Dumnezeu, dar ție îți va fi sigur.

Toți vrem să fim iubiți cu voce tare.

Cu majuscule.

Să se simtă bine și când te ascunde în dormitor, și când te scoate în lume și te prezintă prietenelor.

E important să te prezinte. E și mai important cum te prezintă. *Un* prieten sau prietenul *meu*. O vecină… sau… locuim deja împreună.

Iar despre cei care… chiar și când nu mai e niciun motiv… păstrează limita de discreție față de partener, de parcă ar fi la bancă… ține… cont… că nu sunt cea mai bună investiție.

A opta poveste. Care pare să aibă legătură cu a șasea

Cine vrea spectatori? Cine vrea o relație normală? Normală? Cei care ridică în slăvi normalul nici nu sunt în stare să-l descrie.

Nici cei care fug de normal. Habar nu au de ce fug.

E acasă la el.

E într-o cameră de hotel.

Niciodată la ea.

A încercat o dată. N-a mers.

E ceva legat de teritoriu la bărbați. Nu poți să te culci cu nevasta omului privindu-l în ochi, nici măcar atunci când el e acolo doar sub formă de tablou.

Ea a venit mai devreme.

Ea a plecat mai târziu.

Avea o vagă senzație de relație normală. Cât pe ce să facă o glumă de genul honey, I'm home, când a intrat. Iar la final, ea i-ar fi spus la plecare să fie cuminte.

Ea e blondă.

Ea e brunetă.

Ea e mereu alta chiar și atunci când e aceeași de câteva luni.

Ea e căsătorită.

Ea e sinceră: De ce nu pot să fac cu soțul meu ce fac cu tine?

Ea minte de îngheață apele: Te iubesc.

El se joacă. Cu gândurile ei, cu sânii ei, cu așteptările ei.

O leagă la ochi și o privește. Atât. Voia un minut în care să nu fie nevoit să ascundă. Să nu fie necesar să o privească în ochi și să se prindă că joaca a încetat.

Că s-a îndrăgostit.

Acum cinci minute, era doar sex.

Acum cinci minute, era doar o femeie.

O femeie pe care nu-și dorea să o scoată în oraș. Acum, e o femeie pe care *nu poate* să o scoată în oraș.

Ea încă așteaptă acolo.

Îi atinge obrajii. Ce copilărie.

Își plimbă degetele pe gât.

Vezi că n-ai voie să mă muști, m-ai trimis cu semne acasă data trecută.

Nu te mușc.

Și nici în genunchi să nu mă mai pui. A văzut și i-am spus că am spălat pe jos cu cârpa. Eu care n-am făcut curat de zece ani... Chicotește.

Îi leagă și mâinile.

Are sfârcurile atât de tari încât nu par din carne.

Știa foarte bine ce voia de la ea. De ce a stricat totul?

Bun, curat și ieftin: femeia măritată.

Și bine legată :)

De pat.

Ce faci? întreabă ea. Nu te dezbraci?

El a ieșit deja. E în stradă. Cu telefonul ei în mână.

Scrie grăbit un SMS apoi se întoarce la recepție.

Ține telefonul ăsta. O să vină un domn, 1.90, brunet, ochi albaștri, cam ca mine, doar mai înalt. Va fi puțin îngrijorat. Liniștește-l. Apoi poți să-l conduci în camera mea. Apropo, vreau să și plătesc.

Sigur, domnule, ați consumat ceva de la minibar?

Nebunia în doi de care nimeni nu vrea să se vindece

Nu-mi plac poveștile triste. Tensionate, aparent fără speranță, provocatoare, poveștile care te forțează să admiți că tot ce știai tu e greșit, da, dar nu triste.

Există o tristețe de dragul tristeții. Și există oameni care profită de asta. Oameni care „te ajută" prin cărțile pe care le scriu, prin filmele pe care le fac, prin piesele pe care le compun să rămâi într-o băltoacă de tristețe.

Un trist în suc propriu.

O tristă care nu mai are speranțe, doar consolări.

Dream big.

Ai tot auzit-o. N-o crezi. You live small...

Și? De cele mai multe ori, dacă vrei să ți se schimbe viața trebuie să te schimbi mai întâi tu. Pe tine.

Nu cumpăra cărți motivaționale.

Arunc-o și pe asta într-un colț și nu mai intra nici pe blog.

Nu face un sondaj printre cunoscuți la fiecare pas: să o fac, să n-o fac.

Nu-ți stabili tu singur un prag. O limită. O cușcă.

Nici în dragoste. Nici în orice altceva. E atât de simplu să te închizi singur în lagărul de concentrare al ideilor preconcepute. Ostile ca sârma ghimpată.

E o temniță din care nu poți să scapi pentru că ești propriul gardian și nu te scapi din ochi.

Toate poveștile de succes care merită să fie spuse încep cu oameni care au plecat de jos. Cine moștenește o avere și o înmulțește are mai puține merite decât cineva care nu s-a avut decât pe el însuși.

Toate talentele care au strălucit au fost dublate de nebunia maximă: toată lumea crede în Dumnezeu, tu crezi în tine. Pare megalomanie, narcisism, aroganță. Rar a fost cineva descoperit când nu se descoperise deja singur.

Toate descoperirile sunt datorate unor oameni care au făcut lucrurile altfel decât se fac. Și acum toți facem ca ei.

Dar mai ales...

#necenzurat

TOATE IUBIRILE CARE MERITĂ SĂ FIE POVESTITE AU ÎNCEPUT PRIN A FI... IMPOSIBILE.

O să te doară să pierzi? Ca dracu'!

Ți se zdruncină totul. Lumea pare că se sfârșește, dar de fapt ne sfârșim noi. O etapă. Atât.

Consideră fiecare luptă pierdută un antrenament. Pentru că singurele războaie dinainte pierdute sunt cele în care alegi... să nu lupți!

Te dai mare că ești bărbat!

Ai curajul să-ți spui părerea mai ales în cercul tău de prieteni, mai rar în ședințele de la job. În cazul cel mai nefericit nu deschizi gura nici în fața mamei tale, că rămâi fără bani de benzină, realizatule.

Ai tupeu să te bați și cu zece inși! Mai ales când ești însoțit de cincisprezece prieteni.

Nu te sperie o sticlă de vodcă! Ce aventurier, cuceritorul Everestului cu wc-ul în brațe în loc de vârful muntelui.

Și te lauzi că poți să faci dragoste câte patru ore pe noapte, dar de patru luni n-ai cu cine, măi Rambo!

De ce?

Pentru că de curajos ce ești nu îndrăznești să-i spui veveriței de la contabilitate că te ia cu amețeală doar când îi simți parfumul în lift.

Pentru că ți-e frică de penibil, stai în banca ta că poate vine ea să te întrebe ca pe fetele de la pension dacă dansezi. Asta când are ea drum la xerox :-)

Ești bărbat! Încearcă să te ridici la înălțimea poziției pe care ai câștigat-o la loteria nașterilor!

Și crede-mă... fiecare realizare a fost cândva doar un vis în mintea cuiva.

Și curentul electric a părut cândva o nebunie!

În comparație cu bărbații care au făcut lumea ta așa cum o știi, tu n-ai oricum mare brânză de înfruntat.

Dacă te refuză, măcar lasă liber un loc pe care oricum nu-l ocupă.

Dacă nu încerci, răspunsul va fi mereu nu!

Toate iubirile sunt imposibile atunci când nu îndrăznești!

Dream building!

Suntem șase miliarde și nu ne cheamă nimeni la un team building. Ne asmut unii împotriva altora și suntem atât de ușor de provocat... Ne unim mai ușor împotriva unui lucru decât pentru. Sperăm în tăcere la un mai bine pentru care nu facem nimic.

Nu facem nimic să se întâmple. Așteptăm să ni se întâmple.

Cerem!

Căsuța de mail a lui Dumnezeu e tot timpul plină. Oameni care vor mai mult decât au. Un mai mult care de cele mai multe ori înseamnă doar altceva decât au.

Pentru un vis nu aștepți. Nu te milogești.

Lucrezi la el.

Îți bandajezi dezamăgirile.

Îți reanimezi motivațiile când mai au un pic și mor.

Dacă ai ceva de spus, mai devreme sau mai târziu se strâng oameni să asculte.

Dacă zidești ceva important, pe lângă cei care „îți sapă la temelie“ se strâng și oameni care vor să ajute.

Mulți vor tot ce cred că poate lumea să le ofere. Puțini vor să ofere ceva lumii.

Mulți vor să domnească asupra ei. Câțiva să o schimbe.

Dar realitatea e doar o limitare a imaginației. Poți să te plângi sau poți să o înfrângi.

Dacă tu crezi într-o idee care e contra sistemului, luptă contra lui. Orice sistem are doar de câștigat din asta. Cei care luptă contra lui îl fac un sistem mai bun.

Sigur… și să crezi în tine e o noțiune care are limitele ei: spitalele de nebuni sunt pline de oameni care cred în ei. Cred că pot să zboare de la etaj fluturând două batiste, sau se cred Napoleon!

E o treabă riscantă să crezi în tine, dar cineva trebuie să o facă.

Sunt trei categorii de oameni: celor mai mulți viața li se întâmplă, un grup mai restrâns este al celor care și-o trăiesc, iar cei mai puțini sunt aceia care și-o savurează.

Nu confunda evoluția personală cu acumularea.

Un prieten mi-a spus cândva: Mi-aș dori să fie din nou vară. Vara lui 1998.

Parcă prea ne grăbim să le bifăm pe toate. Viața ca un check list. Facultate. Văzut. Job. Done.

Iubită, mașină, casă, casă de căsătorii, lună de miere, ani de plictiseală, copil, lapte praf, nervi la fel, vacanțe nasoale, poze reușite, avansare, salariu mai mare, timp mai puțin, școala ăluia mic, apoi facultatea lui, prima lui iubită, prima lui mașină, primul lui job, prima dată când nu te mai sună deloc o săptămână întreagă.

Adesea, o întâmplare tristă se transformă într-o poveste veselă peste ani. De ce peste ani? Hai să râdem un pic de probleme chiar în timp ce se întâmplă. Să le râdem în față. Să le luăm la mișto.

Unde ne grăbim? Către linia de sosire?

Panglica pe care o vei rupe la sfârșitul cursei e prinsă la ambele capete de poarta de la intrarea în cimitir.

Eu azi nu vreau să mă grăbesc.

Nu mi se pare o idee bună.

Oprește-te aici din citit. Ne vedem mâine.

Dacă...

Dacă nu ne-am pierde timpul cu invidii, am avea vreme să ne îngrijim mai mult de urcarea noastră decât de săpatul gropii altuia.

Oricum, se zice că atunci când pleci să te răzbuni e bine să sapi două gropi.

Dacă am înțelege cât de puțin timp avem, am vinde mai puțin din el.

Dacă am înțelege că succesul e un sport de echipă..., învingătorul n-ar mai fi întotdeauna singur.

Dacă am alege să nu mai trăim totul în vitrină..., am gusta și victoriile fără public.

Dacă n-am mai alerga de nebuni după certitudini..., am fi nevoiți să mințim mai rar.

Dacă am înțelege de ce au apărut regulile, probabil n-am mai respecta nici măcar jumătate dintre ele. Desigur, de cele mai multe ori un set de reguli stricte nu e înlocuit de libertate, ci de alt set de reguli.

Dacă am renunța la vorbele stridente în favoarea faptelor citețe, am vedea mai mulți oameni fericiți pe stradă decât în reclame.

Dacă am avea grijă de trupurile noastre așa cum avem grijă să facem toate reviziile la mașină... am trăi mai mult. Dacă am asculta sfaturile pe care le dăm copiilor noștri...

am trăi mai frumos.

Dacă în loc să pupăm moaştele sfinţilor le-am urma principiile... n-am aştepta o lume mai bună după moarte.

Am face-o aici, pe pământ, iar omul modern nu s-ar mai încadra în categoria „falsuri veritabile". Sau „copii originale".

Femeile vor să stârnească emoții adevărate la fiecare bătaie din genele false, iar bărbații, să plătească folosind promisiuni fără acoperire.

Două minciuni se acoperă bine una pe cealaltă, dar nu fac un adevăr.

Două planuri nepuse niciodată în practică nu valorează nici cât un pas greșit, făcut din instinct. Măcar din ăla înveți ceva.

Nu vorbim despre ceea ce ne interesează tocmai pentru că nu vrem să se știe că ne interesează.

Nu recunoaștem superioritatea nimănui, dar răspundem bine la comenzi.

Suntem liberi?

Da. Suntem liberi să ne alegem stăpânii.

Ne e rușine cu noi. Ne e rușine cu prietenii noștri. Nu mai admirăm cu voce tare, că e ca la țară, dar ne săpăm colegii cu lopată cu surdină, ca la pistol, ca la oraș.

Vrem să pară că avem, că putem și că suntem mai mult, așa că falsificăm totul.

#necenzurat

ÎN DORMITOR SE MIMEAZĂ ORGASMUL. PE FACEBOOK SE MIMEAZĂ FERICIREA.

Uneori, la muncă se mimează lucrul. În ziua de salariu însă, nemulțumirile sunt pe bune.

Politicienii vor o viață mai bună. Nu precizează pentru cine.

Unii sunt pregătiți să vorbească.

Multora le e încă teamă să-i asculte.

Și totuși, eu cred că putem mai mult de îndată ce vom înțelege diferența dintre facerea de bine și campania de imagine.

Dacă vom înțelege diferența dintre precauție și lașitate. Mai avem nevoie și de riscuri. De reguli pe care nu le luăm de-a gata, fără să ne întrebăm care e rostul lor. Pentru unii și creativitatea e o obrăznicie. Că nu respectă regulile.

Și mai ales dacă vom admite că e o diferență între speranța de viață și bucuria din ea.

Dragostea e o boală? Da! De inimă...

Te așteptai mereu să vină cu ceva din ce are în plus, dar nu... Ți-a arătat poșeta goală, jurnalul gol în care a renunțat să mai scrie, apoi pe ea goală...

Spre deosebire de jurnal, pe ea nu se neglijase. În nicio zi. Erau toate la locul lor. Ți-a plăcut. Dar te gândeai mereu la ce o face specială și dădeai aiurea din umeri.

Așa că nu te opreai din căutare:

Să vină femeia aia ca un pământ al făgăduinței!

Cu nicovala ei de conținut extra!

Cu oțelul aspru al ideilor învelit în piele fină!

Să vină, dracului, odată ca niciodată, să-ți umple golul!

Dar toate erau baloane cu aer cald. Toate erau necesare, dar nu și suficiente. Toate erau în așteptarea unui bărbat care să aibă el conținutul... și oțelul... și pe dracu' gol în el!

Un fel de tu, dar mai tânăr. Un fel de tu, dacă părinții te-ar fi reușit. Dacă te-ar fi iubit.

Un fel de tu, dacă nu te-ai mai plânge când, de fapt, ești fericit, și dacă n-ai mai căuta ceva ce nu există pentru că nu trebuie să existe.

Acum știi ce-o face specială. Schizofrenica asta de iubire.

Nu e straniu cum golul din sufletul unui bărbat poate să fie umplut de golul din sufletul unei femei?

Până și iubirea are două fețe!

Cea luminoasă...

Numai nebunii spun asta cu voce tare și doar cei irecuperabili o și scriu, dar e foarte posibil ca viața să fie doar un accident. Universul stă cu spatele la tine, Dumnezeu nu dă RSVP, iar știința, cu cât descoperă mai multe, cu atât nu mai înțelege nimic.

Când iubești cu adevărat totul se schimbă:

În primul rând, universul devine... palpabil. Ea e tot universul pentru tine, iar tu nu-ți mai poți lua pur și simplu mâinile...

În al doilea rând, Doamne-doamne îți face cu ochiul ca un tată care aprobă captura și dă cu un oftat cheile de la mașină.

În cel de-al treilea rând, știința rămâne tot la fel de toantă pentru că acum „știință“ înseamnă să știi ce-i place ei..., iar chestia asta se tot schimbă.

Zâmbești mai mult și ierți mai ușor, cu grația aristocratului care deplânge starea prostimii... Ești conștient că toți cei care nu iubesc sunt niște săraci nemiluibili...

Cum nu-i poți ajuta, măcar nu-i mai certi.

Și adevărat e că ești un aristocrat al emoției și un bancher sentimental chiar și atunci când ai iubit o singură femeie toată viața. Realizarea erotică nu înseamnă să poți avea aproape orice femeie (cazul meu), ci să te împărtășești din trupul de pâine caldă și din sângele ca vinul cules târziu al himerei maxime.

Văzându-ți mâinile care tremură perceptibil, respirația neregulată și inima care sună ca un solo de tobe, medicii s-ar putea îngrijora pentru viața ta. Adevărul este că n-au de ce. Viața ta e doar un vis în alt vis și un accident în alt accident mai mare..., dar din secunda în care te-ai îndrăgostit a început să aibă un sens.

...și cea întunecată...

Iubirea e mai tare decât Photoshopul: îndrăgostitul nu vede CHIAR niciun defect la femeia-vieții și nici nu se întreabă dacă e pe bune. E doar contrariat când arată poze prietenilor și ei dau reținut și politicos din cap.

Energizează mai tare decât frunzele de coca mestecate pe plantație și slăbești mai bine cu ea decât cu dieta South Beach...

Iubirea e mai inventivă decât un copywriter, mai determinată să reziste decât Nelson Mandela în închisoare, mai fără scrupule decât Râmaru și mai ascunsă decât masoneria.

Își motivează crimele mai ceva decât Machiavelli și are o moralitate mai îndoielnică decât o actriță porno.

Adesea, te îndepărtează de prieteni mai ceva decât descoperirea că ești gay.

Regizează mai precis decât Wong Kar Wai, își ascunde mai bine intențiile decât Kid Poker și țintește mai sus decât poate să cânte Angela Gheorghiu...

Nu te grăbi să mă contrazici. Vei găsi iubire adevărată în trădări și doar obișnuință searbădă în vieți care ți se dau drept modele. Vei găsi pasiune incandescentă în suferința de nesuportat, dar și cenușă sub multe rochii de mireasă.

Vei mai găsi autentic unde credeai că e teatru și teatru unde credeai că e templu.

Iubirea e nebună ca un plonjon la mare adâncime în care te bazezi doar pe aerul din plămâni.

E crudă ca o luptă de câini! Nu-i vorbi. Nu încerca să negociezi cu ea. E incapabilă să înțeleagă normalitatea neîndrăgostiților. Sunt mai multe șanse ca sultanul din Brunei să înțeleagă prin ce trece un român cu credit pe casă. Și totuși vrei să știi ce e iubirea...

Închide calculatorul, lasă biblioteca în pace, spune cu voce tare: Eu nu o să mă îndrăgostesc niciodată și ferește-te. Are simțul umorului foarte dezvoltat... cățeaua.

Pentru fiecare soț neglijat există un amant suprasolicitat

Neglijat sau neglijent.

Femeia care nu știe să aprecieze ce are e la fel de incomodă ca bărbatul care nu știe ce vrea.

Din fericire ambele lucruri se învață. Din nefericire, ca la facultate, pierzi un an. Sau doi.

Mulți vor să explice un pas greșit al lor printr-o greșeală a celuilalt. Noi, românii, avem o vocație să ne învinovățim pentru ce ne-au făcut alții. Că le-am permis. Dacă unui cunoscut i s-a furat portofelul din buzunarul de la spate auzi comentarii de genul: Păi, acolo se ține? El nu știe că se fură?

Dacă i s-a furat unei femei bărbatul, ea nu a știut să-l țină. Dumnezeule! Ce suntem noi? Labradori?! Tot păgubașul e de vină.

Sunt femei care nu se opresc niciodată din flirtat. E vina soțului că o singură voce care-i spune că e frumoasă nu-i ajunge?

E vina lui că femeia e un fel de ipohondră căreia degeaba îi spune un doctor că n-are nimic, ea se mai duce să mai ceară o a doua opinie?

Cum a zis Sorescu, nu-mi dați răspunsuri. Nu am timp de răspunsuri. De-abia am timp să pun întrebări. Pentru că în cazul acesta nu există un singur răspuns. Nu există o boală. Există bolnavi.

E mult mai ușor să ataci un castel decât să-l aperi.

Telefonul nu sună decât în orele sigure. În orele *singure*.

Cine era, dragă?

De la bancă.

La ora asta?

Era robotul. Știi sondajele alea care măsoară gradul de satisfacție...

Râd amândoi.

Poate că râde și robotul.

Orice bărbat care a fost măcar o dată amantul unei femei măritate (adică, în principiu, orice bărbat, punct) poate să-ți spună că așa s-a și simțit uneori. Ca un robot. Așa cum puneau mamele noastre murături să le ajungă toată iarna sau făceau mâncare o dată pentru toată săptămâna, așa își face femeia modernă provizii de sex.

Are doar o noapte și parcă nu-i ajung orele.

Nici lui forțele, dar face pe dracu-n patru și duce.

De cele mai multe ori pe dracu-n cinci.

Nimic nu se apropie mai bine de ceea ce credem noi că e o nimfomană decât o nevastă nesatisfăcută.

For English press two...

Era un banc mai demult...

Dacă vrei sex de calitate ai nevoie de un soț, totul e să nu fie al tău. :)))

Sau nu era banc?

Mulți credem că swingerii sunt jalnici, dar dacă poți pentru o secundă să vezi păienjenișul relațiilor extraconjugale realizezi că la un moment dat toți suntem swingeri.

Nu știu de ce, dar fidelitatea e un subiect care-mi stârnește mereu cheful de bancuri. Mai era unul cu un ardelean și un oltean care lucrau la o corporație în București. Olteanul făcea mișto de graiul ardeleanului cu multe împrumuturi nemțești și ungurești: Auzi? Dacă eu m-aș culca într-o zi cu nevastă-ta, noi am fi șogori?

No, atunci am fi chit.

Fug de la o idee la alta mai ceva decât un aventurier de la o femeie la alta.

Poate pentru că vreau să spun prea multe.

Poate pentru că nu îndrăznesc să le spun până la capăt.

Pentru că nu vreau să dau un verdict.

Am citit și eu câteva pagini dintr-o carte la modă și m-am cam plictisit pentru că e scrisă să placă, iar mie îmi plac de ani buni cărțile care sunt scrise să ajute.

Cu un lucru însă sunt 100% de acord. E foarte riscant să dai verdicte.

Nu există alb și negru, în schimb avem cincizeci de tonuri de gri. După care mai avem și culorile.

Sper să nu deranjez!

Sper că nu deranjez dacă te dezbrac din priviri.

O să te îmbrac la loc în cuvinte.

Am niște verbe care se potrivesc perfect cu ochii tăi... și nu numai.

Sper că nu deranjez dacă-ți spun că n-ai nevoie de pumni.

Eu ar fi trebuit să mă apăr, dar dracu-a știut cum stătea nebuna ascunsă sub chipul de înger, ca minereul de fier ascuns sub pământul pe care cresc panseluțe.

De fapt, tu nu mai ai nevoie de nimic și de nimeni: de sobă, de pătură, de instalator, de șofer, de amant și de soț. Da, știu că e ca și când aș avea două joburi, dar nu mi-e frică de muncă!

Sper că nu deranjez dacă nu te întreb ce faci mâine. Nu vreau să știu dacă ești liberă în weekend. Vreau să știu ce o să faci până mori.

Da. Știu că sună dubios.

Vreau să intru prin efracție în casa ta și să nu mai plec niciodată.

Sper că nu deranjez dacă recunosc deschis că am poftă de tine cum ai poftă de mâncare. O poftă fizică. Mănânc cu ochii, dar simt viitoarele gusturi în gură. Prefer să fiu obraznic, decât ipocrit și recunosc că-ți vreau trupul înaintea sufletului. Puține femei se duc la o sală unde să-și antreneze compasiunea sau bunul-simț sau sensibilitatea. Trupul acesta, în schimb, a flămânzit în diete ca să se sature de sex și încă nu cred că a reușit să-și echivaleze orele de efort în ore de plăcere.

Sper că nu deranjez dacă spun că minți mult.

De cele mai multe ori, pe tine.

Oamenii mint mult pentru că e confortabil. Cel mai mult se mint singuri. Se mint că nu sunt singuri. Se mint că mai e timp. Se mint că alții sunt de vină. Se mint că numai ei sunt de vină.

Aud adesea exprimări de genul: X a luat-o de la zero și a ajuns nu știu unde. De la zero?? Nu știa să meargă și să vorbească? Nu avea o educație de la părinții lui și un acoperiș deasupra capului?

Atunci orfanii de tată o iau de la minus unu? Și cei de ambii părinți pornesc de la... minus doi?

Fiecare atu genetic, țara în care te-ai născut, dacă pur și simplu ai sau nu puță când te naști, toate ne diferențiază, dar noi îi dăm înainte ca pionierii cu egalitatea de șanse.

Chiar astăzi vorbeam cu un domn despre această iluzie periculoasă. Noi am vorbit despre ea extinsă la societatea umană in integrum, dar mie mi s-a dus mintea în urzici către o amintire. O fostă colegă care mi-a spus: Radu, tu știi că pe mine n-a încercat nimeni să mă agațe? Niciodată? Nimeni nu a fluierat după mine. Nu m-au claxonat decât dacă voiau să fie siguri că nu mă calcă...

Ce puteam să-i spun?

Cine decide cum să se combine genele alea încât unii au putere de calcul și alții de atracție?

Cine decide cum se combină încât unul are charismă și altul cancer la douăzeci și trei de ani?

Habar nu avem.

Sper că nu deranjez dacă spun că adesea nici nu știm de ce ne îndrăgostim. Sau știm că nu ne-am îndrăgostit deloc, dar sexul scuză mijloacele.

Când eram foarte foarte slab și extrem de sărac îmi venea să-mi plesnesc amicii aspectuoși care spuneau din Oltcitul lu' tata: Atitudinea e totul.

Să aibă ei atitudine în autobuzul doi barat. Eventual pe scară, când vine plin și nu mai are loc să urci.

Apoi, vreo doi ani mai târziu, când mă rugau colegele să-mi scot tricoul, cred că le venea lor să-mi dea două palme când le spuneam că eu le cuceresc cu poezii de Nichita Stănescu. Uneori chiar și cu ale mele. :))

Sper că nu deranjez dacă nu vreau să vorbim despre micile plăceri ale vieții în casa spânzuratului învins de marile nefericiri ale vieții!

Chiar mai sunt tinerii și bătrânii la aceeași linie de start!

Viața nu ne trimite notificare ca operatorii de telefonie mobilă înainte să ne suspende abonamentul. Nici tinerețea nu ne anunță că trece. Nici simțul umorului nu plătește facturi.

Sper că nu deranjez dacă strig că nu există egalitate de șanse în fața dragostei. Uneori, frumusețea unei femei îi inhibă pe bărbații prea autocritici care n-o invită niciodată în oraș crezând că nu sunt de nasul ei. Așa se face că ele au senzația că toți bărbații sunt niște porci, că pe ăștia nu-i inhibă nimic!

Nu există autocorrect pentru viață! Aceea e autocenzură.

Știi când spune un bărbat despre o femeie că e superficială? Când îi refuză avansurile. Când spune o femeie despre un bărbat că e imatur? Când o lasă pentru una mai tânără. :))

Nu. Nu există egalitate de șanse în fața dragostei.

Dar orice bărbat trebuie să înțeleagă că trebuie să lupte cu ghearele și cu dinții pentru ce își dorește. Trebuie să lupte cu mintea și cu inima, care sunt mai puternice decât ghearele și dinții. Și trebuie să înțeleagă că, dacă vrea să câștige, trebuie ca din când în când să știe să piardă.

Sper că nu deranjez dacă spun că-mi doresc foarte mult poziția asta chiar dacă nu mă recomandă CV-ul. Am avut prea multe locuri de iubit, cum au alții locuri de muncă.

Știu că nu sunt candidatul ideal, dar ia-mă pentru o perioadă de probă. Care să dureze toată viața.

18 ani. 18 ani mai târziu

Nu iubești cu adevărat nebunește în adolescență. Atunci nu înțelegi nimic din ce ți se întâmplă.

Iubești nebunește mai târziu. Când înțelegi perfect și totuși mergi înainte. :)))

Când nu știi care sunt pericolele, nu poți să vorbești de curaj. E inconștiență. Curajul nu e atunci când nu te temi, ci când îți înfrunți deplin conștient temerile.

Un placebo al sufletului, care crede că se poate vindeca prin alt suflet și de fapt se vindecă singur.

Fiecare e cu sufletul lui.

Cum poezia are jumătate din ADN-ul poetului și jumătate din cel al Muzei.

Pe cine iubești mai mult, copile? Pe mama sau pe tata?

Copiii nu știu nimic despre dragoste.

De cine ai mai multă nevoie?

Asta ar fi fost o întrebare mai bună.

Copiii nu știu nimic despre dragoste pentru că lumea lor e mică. Alegerile lor sunt simple. Și sunt gata făcute.

Mi-ar plăcea să ne vedem…

Ce înseamnă fraza asta la 18 ani?

Dar 18 ani mai târziu?

Cred că un singur lucru făcea cele două situații să semene. În ambele mă feream de cineva. În ambele se opunea familia.

La 18 ani, tatăl ei.

18 ani mai târziu, soțul.

Știu un hotel.

Și eu îl știu.

S-a bosumflat imediat: Ai mai fost?! Cu cine?!!

N-am răspuns. De fapt, n-am mai spus nimic.

18 ani.

Ne vedem la ora 18?

Nu.

Ai dreptate. La 18 e prea devreme.

Nu, i-am răspuns. E prea târziu.

Tu chiar vrei să cred că te-ai schimbat?

Crezi ce vrei. Dar mi se pare ciudat că poți să crezi că lumea s-a schimbat, clima s-a schimbat, puterea politică s-a schimbat, dar nu și eu.

Bărbații nu se schimbă.

Unde ai citit asta? Într-o revistă pentru femei? Sunt mai nocive decât fumatul.

Știi tu?

Da. Nu ajunge că vă pompează în ochi imagini cu femei retușate. Vor să vă retușeze și opiniile despre viață. Despre voi. Despre bărbații voștri. De ce m-ai căutat? Ce e în neregulă cu bărbatul tău?

E... același, dar la tine?

A mea e mereu alta.

Aham? Are dublă personalitate și îi înșeli o personalitate cu cealaltă personalitate?

Nu. Facem un 3some.

Can I watch?

No. But you can read about it.

O iubești prea mult.

Nu poți să iubești prea mult. Poți doar să nu iubești deloc. Tu așa vezi dragostea, ca pe o friptură! Cum o vreți? Well done? Medium? În sânge?

Poți să iubești molcom? Să lași dragostea în ralanti și să-i mai dai talpă doar din când în când? La un stop, să te vadă lumea, de Valentine's Day?

Nu știi bancul acela cu fata care-i zice lui: Știi, dragă, mâine e ziua îndrăgostiților.

La care el: Și? Ce? Ne-au invitat?

Eu o văd fix ca pe o boală de care nu scapi. Cât timp ai ce-ți trebuie, nu intri în criză. Atât. Vin între voi depărtări măsurabile în kilometri sau în vorbe și gata! Sevraj, nostalgii sau planuri despre unde să ascunzi cadavrul unui rival. Sau ambele. Ai putea să ascunzi cadavrul unui rival în curtea liceului tău. Ar fi ca o întâlnire de douăzeci de ani cu o mână moartă.

Se poate să nu iubești deloc. Sau să iubești.

Off.

On.

Out.

In.

Când iubești o femeie o înveți pe de rost, o termini și o iei de la capăt ca pe o carte de care nu te saturi. Și pe la pagina 3 mai descoperi ceva, ce nu ai observat la prima lectură.

Când iubești un bărbat ți se pare că este mai elocvent decât zece oratori chiar și atunci când se bâlbâie.

Iar sexul este poezie. Nu ți se mai pare o exagerare nici Kama Sutra și corpul încetează să mai fie materie.

Pentru că, da, atunci când iubești o femeie trebuie să o supui. Să-i îndeplinești dorința pe care nu și-o spune nici sieși, când își face discursuri în fața oglinzii. Să o domini spre plăcerea ei, mai degrabă decât să o ridici până unde n-o mai poți atinge cu mâna. În dragoste nu te ridici pe vârfuri. Te lași în genunchi. Să oferi plăcere. Să oferi un inel. Să ceri iertare.

Desigur, cel mai adesea stăm bățoși, ne cocoloșim mândria și ne ștergem la nas cu fericirea.

Apoi o aruncăm în drum, că oricum nu ni se mai potrivea culoarea și ne mirăm când o vedem cât de bine se asortează la alt costum.

Apa spală, până la urmă, orice, iar sufletul e un bordel cu pereți din hârtie!

Poți să vezi jocul de umbre, ca la un teatru japonez. Poți să auzi dorințele când șoptesc. Chiar să le înțelegi când strigă, dar e atât de ușor să confunzi formele.

E imposibil să vezi culorile.

Până când ea te lasă înăuntru.

E singurul fel de penetrare care sperie un bărbat. Ca și când copilul care ești vrea doar să dezbrace păpușa, nu să-i și vadă mecanismul care-i dă ochii peste cap. E mai simplu la mașinuțe. Acolo e atât de matematic totul: merg înainte, merg înapoi, tragi de volan stânga... virează la stânga. Chiar crezi că femeile semnalizează într-o direcție și merg în alta din greșeală?

Uneori ai senzația că femeile nici nu există! Sau n-ar trebui. Sunt 100% neverosimile!

Cu rochițele lor ca staniolul în care păstrezi ciocolata, cu tocurile lor cui, ca vârfurile de săgeată... cu zâmbetele lor ca mici stropi de aur în noroiul universal.

Ochii lor ghicesc gândul înainte ca el să se fi înfiripat.

Mâinile femeilor alină sau decapitează cu aceeași ușurință. De ce credeți că Moartea nu e „Domnul cu coasa“?

Vorba lui Sorescu: Eminescu n-a existat...

Nici femeile.

Au existat doar niște hamace miraculoase, făcute din carne vie, care ne leagănă între început și sfârșit.

Niște forme de energie care pun în mișcare sau distrug totul.

Continente inexplorabile unde geografia se schimbă tot timpul.

Pentru ele nu există hărți, dar s-a inventat un nume.

Cum s-au inventat nume pentru toate lucrurile pe care nu le putem înțelege...

Dumnezeu nu a creat femeia pentru că Adam avea nevoie de un partener de viață.

Dumnezeu a creat femeia pentru că viața avea nevoie de un scop.

De altfel simți că îmbătrânești numai în anii în care nu iubești. În anii de iubire, deși trăiești totul de două ori mai intens, timpul încremenește. Privești omul pe care-l iubești și-l găsești neschimbat pentru că inima ta îl cunoaște. Privirea ta intră în privirea lui, cum intră drumețul pe o poartă cunoscută. Nu zăbovește la intrare, nu verifică numărul casei să știe dacă a nimerit unde trebuie. E adevărat. Numărul „casei", pârdalnicul ăla de număr, e mereu mai mare, fără să reprezinte, în ochii altora, mai mult. Cu cât îmbătrânești mai mult, cu atât reprezinți mai puțin.

Dar nu pentru el. Sufletul care-ți iubește sufletul. Ca două mașini care gonesc spre abis, cu șoferii privindu-se, complet neatenți la drum. Vitezele sunt perfect sincronizate și sunt la fel de nemișcați unul față de celălalt cum ar fi fost la o cafea. De o parte și de alta a unei mese.

Așa văd eu teoria relativității. Viteza luminii e singura constantă.

Despre întâmplări și alegeri

Unii cred în destin, alții în coincidențe.

Același timp. Același loc.

Totul poate să înceapă de aici sau să se termine aici.

Descoperi un om așa cum descoperea Columb noile teritorii: fără să știi că lucrurile pe care le aștepți sunt rareori lucrurile pe care le vei întâlni.

Credeam că ești India. Tu erai America.

Fiecare explorează și se lasă explorat.

Doi oameni. Două lumi. Și totuși, uneori sunt aceleași gânduri. Aceleași pasiuni. Diferite etape.

Unii oameni își imaginează „jumătatea“ ca pe un geamăn de sex opus. Ce plictiseală ar fi!

Alții își imaginează partenerul perfect ca pe un perfect opus. Are tot ce nu avem noi. Are nevoie de tot ce putem noi să oferim. E iubită sau e proteză??

O asemenea relație perfect complementară nu funcționează decât în afaceri. Unii produc, alții fac livrări, alții desfac. Sigur, mai e și statul. Care impozitează.

Până nu ne pun ăștia impozit și pe prietenie, ne mai putem bucura să oferim fără să ținem contabilitatea. Până nu ne impozitează dragostea, putem să dăm fără să pierdem.

Trebuie să experimentăm normalul ca să putem aprecia extraordinarul. Și mai ales, să avem curaj.

Parcă e mai bine să greșim trăindu-ne viețile noastre, decât să părem oameni de succes copiind viețile altora.

Reciprocitatea

Fiecare cauză are un efect, dar nu toate victoriile au un premiu.

Ne dorim asta în fiecare relație, psihologii specializați în terapie de cuplu spun că așa trebuie să trăim, iar revistele țin să atragă mereu atenția despre tot ce face femeia și uită să aprecieze bărbatul. O să vă supărați pe mine, dar e unul dintre cele mai distructive lucruri care se pot întâmpla într-o relație.

Ideea asta de troc, de reciprocitate absolută, te iubesc, mă iubești, e un tip de a ține scorul din care (ce surpriză) pierd amândoi.

Pentru că nu iubim la fel, deci nu putem să ne echivalăm iubirile. Pentru că nu avem aceleași abilități, deci nu putem să calculăm cât trebuie să facă el ca să egaleze ce face ea. Și mai apare și nebunia „ce fac pentru el nu fac cumva pentru noi?"

Eu nu pot să scap de o idee care mă obsedează. Ca mulți „obsedați" :), de fapt, nici nu vreau să scap de ea.

Ideea e simplă: dacă mâine toți oamenii s-ar trezi gândind altfel, ei ar acționa altfel și cu toții am trăi cu totul altfel. Nimeni n-ar mai privi fericirea ca pe o obligație și nici nefericirea ca pe o sursă de venit.

Bunăstarea nu s-ar mai etala.

Iluziile nu s-ar mai vinde.

S-ar face mai puține promisiuni și s-ar ține mai multe dintre ele.

Nu-mi plac poveștile triste și vreau să văd cât mai mulți oameni fericiți. Și una dintre contribuțiile logicii mele poate să vină pe ideea de reciprocitate.

Femeie, uită de egalitatea între ceea ce face el pentru tine *versus* ce faci tu pentru el. Gândește-te la reciprocitatea cu tine însăți! Dacă ești gata să îi faci concesii, aceleași concesii trebuie să ți le faci și ție. Dacă orice dorință a lui poate să fie o abatere de la rutina ta zilnică, atunci și dorințele tale pot să-și facă loc în program. Nu în al lui/vostru. În al tău.

Dacă el merită tot ce poți tu să oferi mai bun, atunci și tu meriți ce poți să oferi tu mai bun.

Îl răsfeți?

Răsfață-te.

Îi treci cu vederea unele defecte?

Nu mai fi atât de dură cu ale tale!

Îl iubești?

Nu uita să te iubești și pe tine!

Pentru bărbați văd reciprocitatea exact la fel. Orice bărbat trebuie să învețe că, dacă ar merge și până la capătul lumii pentru ea, atunci ar trebui să facă și excursia aia în Parâng pentru care i se pare tot timpul că nu are bani!

Dacă îi oferi celuilalt lucruri pe care ți le refuzi ție, mai devreme sau mai târziu o să-l urăști!

Frustrările se acumulează. Renunțările obosesc. Te simți un iubit-om-bun-la-toate sau o iubită-satelit care se rotește în jurul unui orgoliu de dimensiunea unei planete. Mulți dintre noi, bărbații, ne declarăm vinovați de orgoliu, dar e „meritul“ multor femei, în frunte cu mamele noastre, că acest orgoliu mai acumulează masă și devine din ce în ce mai mare.

Iubirile sunt naturale. Relațiile, din nefericire, tind să fie din ce în ce mai artificiale. Un set de obligații încrucișate nu vor lega un cuplu. Vor face doar nefericiți doi câte doi.

Până la urmă, primul om pentru care ar trebui să faci „orice pe lume“ ar trebui să fii tu însuți.

Acei bărbați care vor fi mereu părăsiți. Și de ce

Femeile poftesc la un bărbat pentru că e bărbat.

Nu-și doresc o prietenă cu testosteron care să le care mobila. Nu vor un instalator.

Prietene, suntem în 2015 deja. Poți să găsești orice pe Google. Mai puțin bărbați.

Ori sunt prea efeminați, dar își numesc slăbiciunea sensibilitate.

Ori sunt prea indeciși, dar numesc incapacitatea lor de a lua hotărâri... maturitate și chibzuință.

#necenzurat

O FEMEIE VA IERTA MAI UŞOR UN BĂRBAT ÎNDRĂZNEȚ, DECÂT PE UNUL CARE AŞTEAPTĂ PREA MULT.

Femeia aia îmbătrânește cu fiecare lună în care tu nu ești în stare să zici ceva. Dacă îți ia o lună să zici ceva, e firesc să se întrebe de câți ani o să ai nevoie ca să faci ceva.

Așa că e normal să o ia altul.

Tu o să te alegi cu prietena ei mai urâțică și mai prostuță. Haide, nu-mi servi povestea aia cu toți suntem egali.

Am mai spus-o: respect femeia când nu e un fel de bărbat cu vagin. Vreau să fie feminină. Iar femeile respectă bărbații când nu sunt niște femei cu penis.

Așa cum un bărbat nu e interesat de o femeie care nu are un strop de frumusețe și nu rămâne cu o frumoasă care nu are măcar o jumătate de inimă, la fel nici ele nu vor un bărbat fără personalitate, pasiune. Un bărbat fără putere.

Orice femeie care spune că vrea de la un bărbat sensibilitate minte!

Ea vrea de fapt forță. Puterea ca el să-și recunoască sentimentele. Și mintea să le înțeleagă și pe ale ei!

Orice femeie minte când spune că își dorește stabilitate!

Ea vrea de fapt puterea de partea ei, pentru că știe că viața e o aventură. În care nu poți să mergi cu un cuplu șchiop.

Orice femeie care spune că vrea un bărbat cu simțul umorului minte de îngheață apele. Ea vrea putere. Că nu există multe feluri de putere mai mare decât cea a unui zâmbet care te face să mergi mai departe sau a unui hohot de râs care distruge efectiv.

O cititoare a nimerit-o suspect de exact într-un comentariu: dacă am comparat femeia mereu părăsită cu o casă, bărbatul va fi un drum.

Da, femeia caută un bărbat care știe ce vrea, altfel spus, caută un drum care duce undeva. Un drum care să i se deschidă. O călătorie fascinantă pe care să poată merge într-o zi cu copiii ei.

Cine ar alege să trăiască... cu un sens giratoriu?

Nimeni.

Bărbații aceștia „care nu duc nicăieri", aceste fundături fără sfârșit, mereu disponibili, niciodată capabili, nu știu că femeia, care nu se prea descurcă să găsească o adresă la două străzi distanță, are un fel de GPS pentru relații.

Și când realizează că nu e pe drumul cel bun, GPS-ul îi spune imperativ: Take the first exit.

A noua poveste care pare să nu aibă legătură cu nimic, dar are legătură cu absolut tot

Nu era într-o relație pe care nu și-o dorise.

Nici cu un bărbat care i-a greșit.

La ora trei jumate dimineața oglinda de la baie era deja plictisită de întrebările ei, dar numai în ea avea încredere.

Băuse un pahar de vin apoi o apucase curajul.

A părăsit-o din nou când a realizat că nu știe unde stă și a plâns în mașină. Apoi s-a întors încet-încet. Să n-o oprească poliția și să-i verifice alcoolemia.

I-a scris un mail. Dacă nici el nu putea să doarmă, atunci îl va vedea sigur.

Niciun răspuns.

Nu știa care variantă i se părea mai jignitoare: cea în care el nu dormea și alegea să nu-i răspundă sau cea în care el putea să doarmă!!

S-a întors acasă. Dacă acasă se mai putea numi adresa din buletin.

Inima știa unde vrea să fugă. Pulsul sfida gravitația. Îi desprindea pur și simplu picioarele de pe sol, dar mintea nu putea să justifice fuga asta!

Și parcă nici nu fugea de cineva sau spre altcineva. Parcă fugea spre ea însăși. Trupul își urma sufletul.

Credea că știe cum se simte adrenalina la 260 km/h. Acum trebuia să admită că s-a mințit singură, dar finuț.

Mâinile îi tremurau ca după zece cafele.

Prietena ei, oglinda, începuse să-și facă griji. Parcă-i arăta cearcănele mai clar, ca pe două avertismente plânse.

În fiecare noapte ceasul de pe noptieră dansa cu timpul în defavoarea ei.

Ce era iubirea asta care venea nechemată cu ditamai înșiruirea de simptome? Ca o boală...

Fără ea viața ei ar fi liniștită. Dar nu mai vrea să fie liniștită!

Dacă nu i s-ar fi părut prea banal ar fi scris pe oglindă:

**Nu mai vreau să fiu liniştită.
Vreau să trăiesc fiecare clipă în viaţa lui.**

Era ora patru când a ieşit din nou din casă. Simţea nevoia să-şi liniştească nervii. Să respire. Să plângă fără să fie nevoie să se explice. Să urle ca un animal în agonie fără să deranjeze...

Ceva nu era în regulă cu strada. Nu-şi dădea seama ce... Apoi realiză că niciodată n-a fost singură la ora asta pe stradă. O singurătate ca o negură groasă s-o tai cu cuţitul! Nu era nimic în neregulă cu oraşul, problema era în ţara sufletului ei. Izbucni într-un plâns pe care nu era nici nevoită, nici capabilă să-l explice. Era din cauza situaţiei care n-o lăsa să doarmă? Era ofticată că e slabă? Era speriată că e singură? Se simţea ca şi când ar fi stat într-o ploaie de întrebări care curgea dinăuntru spre în afară... Tuna şi fulgera din norii grei pe care-i simţea în piept.

Aproape imediat începu şi ploaia adevărată. Curgea apa rece din cer cum curg reproşurile din gura unei femei părăsite.

Intră înapoi în scară.

Dar nu putea să se întoarcă în starea în care era.

Deşi îi era frică de străzile pustii... îi era mai teamă de întrebările la care ştia că nu poate să răspundă. Că nu trebuie să răspundă.

Era o actriţă în culise... încercând să-şi intre în starea necesară pentru rol. Doar că, în general, se repetă într-o cămăruţă mică pentru un rol de pe o scenă mare, iar ea repeta în imensitatea lumii pentru un rol jucat într-un apartament.

Rolul de soţie fericită.

Străzile continuau să rămână goale, dar parcă nu mai erau atât de înspăimântătoare. Decise pe loc să exerseze alt rol.

Prin ploaia incomodă alergă pe străzile din ce în ce mai goale către casa lui. Pe măsură ce se apropia, apa i se părea mai întâi suportabilă, apoi caldă..., în cele din urmă putea să jure că o frige, că iese abur din ea.

Se opri în faţa intrării. Într-un adăpost relativ. Ploaia nu era cea mai mare problemă a ei...

În oglinda geamului de la scara de bloc își repetă speech-ul: a fost un nemernic că i-a dat lumea peste cap, ea era atât de bine înainte să-l cunoască; o să-i mai spună cât de greu îi este acum și cât de ușor și în glumă trebuie că ia el toate astea. O să-l facă albie de porci, va inventa insulte noi pentru el. La dracu', el se pricepea mai bine să spele cu oamenii pe jos...

O să-l lovească!

Da! Cu pumnii aceia mici de care el râde...

Dar o să râdă și de data asta?...

Ba nu! O să meargă la el în bucătărie și o să-l înjunghie cu un cuțit ca-n filmele indiene!

În inimă, da! Poate așa să simtă și inima aia a lui ceva! O să fie ca-n telenovelele de la știri! Crimă pasională!

Trebuie să-l rănească într-un fel!

Să simtă și el ce simte ea!!

Fericirea asta groaznic de tristă!!

Nefericirea asta cu minute de beatitudine ca picuri mici de aur...

Poate totuși n-o să-l ucidă... n-ar mai putea nici ea să trăiască după asta... dar o să-i spună ea vreo două... să-l usture...

Trase aer în piept și își înfipse degetul în butoanele interfonului cu forța unui om decis să meargă până la capăt.

Nu răspundea nimeni.

Două lumini de far stricau tocmai atunci întunericul străzilor care deodată nu mai erau goale...

Era mașina lui.

De unde se întorcea la ora asta?

De unde vrea... doar e un bărbat liber... la naiba... Pe măsură ce se îndrepta spre ea, prin ploaia care devenea de lavă incandescentă, știa că n-o să-i scoată ochii pentru asta, dar o să-l lovească să simtă și el durere... sau doar o să-i spună vreo două...

Bună dimineața, iubito... Ești îngrozitor de udă! Ce era atât de presant și nu putea să aștepte până mâine? Vrei să-mi spui ceva?

Acum e momentul tău, toanto, spune-i tot! Varsă negura asta strânsă în tine și dă-i-o s-o bea…, dar căută în ea și negura nu mai era acolo…

El repetă încet… și-n vocea lui este atâta tandrețe…

Vrei să-mi spui ceva?

Da…

Mi-a fost dor de tine.

Ce-și doresc femeile, dar le e rușine să spună

Lupte de cocoși

Când povestea e inventată e ușor să dai nume. Alegi ceva puternic sau, din contră, pitoresc. Un agent secret nu se va numi niciodată Georgică! :)

Când povestea e reală, te temi că orice nume inventezi te va trăda. Norocul nostru e că o să-mi asum că în următoarele povești (dintr-o serie de şapte) unul dintre ei sunt... eu.

De obicei, cel mai fraier, pentru că așa am învățat. Greșind mult.

De mic mi-au plăcut femeile care-l aveau pe dracu-n ele. Sigur, toate au un pic, dar sunt câteva care plesnesc pur și simplu. Le iese prin buze, le vibrează în țâțe ca un lapte negru, au un magnetism periculos, ca tendința de a sări în gol.

În cazul ăsta „golul“ se mulează perfect pe orice erecție.

Pe la vârsta când nu e legal nici să strănuți, doi tineri entuziaști s-au încins pentru aceeași fată. Desigur, memoria e jumătate bullshit, așa că este doar o amintire a unei amintiri, dar are valorea ei.

Lupta de cocoși părea iminentă și amândoi erau gata să o asigure că nu se va întâmpla că - deh - femeia e simțitoare și urmau să se bată în secret.

Cât de puține știam despre femei!

Cum să se bată în secret? Și ea să piardă tot spectacolul?

Așa s-a decis ca într-un turnir modern să și-o dispute la skanderberg. Simplu, nu? Brațul de fier avea ocazia să demonstreze din ce material îi erau făcute și alte părți ale corpului.

Amândoi s-au antrenat. Of, Doamne, ce stare de imbecilitate mai e și îndrăgostirea! (Ortega Y Gasset)

A venit și ziua cea mare. Așa e la minori, nu se bat în nocturnă, că nu-i lasă mă-sa pe afară.

Ringul? O terasă.

„Miza“ a venit cu o bluză albastră atât de transparentă, încât arăta ca un bodypainting. Tinerii entuziaști ar fi putut lejer să facă skanderberg cu a treia mână. :))

Desigur, unul dintre ei a câștigat. Eu am fost celălalt.

Apoi s-a produs imposibilul. Un tip de la o altă masă, genul 2 pe 2, s-a ridicat agale și a venit spre noi. L-a întrebat pe învingător:

— Faci și cu mine?

Eram că**ți pe noi toți trei.

„Arnold“ a continuat:

— Și dacă te pun, vine cu mine, nu?

Probabil că fețele noastre erau atât de caraghioase, încât buldozerul uman nu s-a mai putut abține și a izbucnit într-un râs necontrolat. Mă gândeam dacă n-ar fi o idee bună să-i dau un scaun în cap și să fugim, când brusc s-a oprit:

— Sunteți doi proști, ne-a zis. Credeți că s-a îmbrăcat cu perdeaua asta de se vede tot prin ea pentru că nu avea nimic curat în șifonier? Vă joacă pe degete. Iar voi puneți botul. Apoi s-a întors către ea: Iar tu, copil-problemă ce ești, să știi că femeile care instigă bărbații să se bată pentru ele ne fac mai multe probleme la secție decât găștile de cartier. Pentru că se bat fraieri care nu s-au bătut niciodată. Nu știu să dea. Nu știu să se ferească. Și pentru ce? Tu știi deja pe care dintre ei îl vrei. Sau poate nu îl vrei pe niciunul. Că altfel îți era frică să nu pățească ceva.

După discursul tipului care s-a dovedit a fi polițist ar fi trebuit să o lăsăm acolo și să plecăm amândoi la o bere.

Dar am plecat numai eu. Celălalt nu voia să dea drumul prăzii. Fără să realizeze că, de fapt, „căprioara“ era el.

Schimbare de rol

Era cu câteva săptămâni înaintea Crăciunului. Perioada aceea a anului când este esențial să ai o familie, dar nimeni nu se oferă să-ți închirieze una, să ai tot ce-i mai bun fără complicații.

Ea stătea, vorba lui Nichita, „plictisită și foarte frumoasă“, cu degetul înfipt în butonul liftului. În geantă avea costumul de Catwoman, un bici, două perechi de cătușe și un vibrator. Nu le privea acum altfel decât își privește un meșter bormașina sau patentul din trusa cu scule. Îți făceai treaba cu ele.

Liftul venise deja când o altă femeie plictisită și foarte frumoasă încerca fără succes să intre în bloc cu o geantă la fel de mare ca a ei. Catwoman ar fi putut să se facă pur și simplu că n-o vede, dar ceva a împins-o să lase liftul și să meargă la ușă să-i deschidă din interior.

— Mulțumesc din suflet! Cred că nu le merge interfonul. Sunt „Albă-ca-Zăpada“, tot la petrecerea de copii de la 9 mergeți?

„Catwoman de Coolentina“ schiță un zâmbet...

— Nu. Eu merg la 6. Ești în întârziere mare?

— În 10 minute trebuie să fiu îmbrăcată...

— Avem timp și de o țigare.

— Nu fumez... spuse încurcată „Albă-ca-Zăpada“... Nu fumez, dar de multe ori am vrut să încerc. Știi, în fața prietenilor am o imagine pe care nu vreau s-o stric, iar singură nu mi-a reușit niciodată. Nu știu să trag în piept...

— N-ai tras pe nimeni în piept? glumi „Cat“.

— Țigări n-am tras.

— Te învăț, dar trebuie să faci ceva pentru mine...

Așa cum prima femeie s-a întors de la lift să facă un gest drăguț aproape inexplicabil, la fel, cea de-a doua a zis aproape fără să înțeleagă de ce un foarte hotărât OK! deși nu avea habar ce ar putea să-i ceară necunoscuta.

Și noi pentru noi înșine suntem tot niște necunoscuți, nu-i așa?

În cinci minute, Albă-ca-Zăpada fuma de mai mare dragul, verificându-se în oglinda geamului de la intrarea în bloc. O bufnea râsul în continuu.

— Ai pus ceva în țigările astea?

— Nici gând, nu stric marfă scumpă pe o începătoare!

Râdeau amândouă.

— Auzi, tu ce faci la 6? Că eu ți-am spus ce fac la 9!

— Un show pentru adulți. Cum faci tu pentru copii, doar că ai mei vor să se joace cu jucăriile mele. De obicei îl fac pentru grupuri, la petreceri, prin cluburi, în camerele acelea din care tu crezi că se aduce băutura pentru că scrie STAFF ONLY. Acum e un singur client, un tip de aproximativ 40 de ani, șef la o multinațională, vrea intimitate. Uite, asta voiam să te rog, îți dau banii ca și când te-ai duce la petrecerea de copii, dar lasă-mă pe mine să merg în locul tău. Clientului îi dau un telefon și spun că a intervenit ceva și nu pot să vin...

Albă-ca-Zăpada mai trase un fum, își drese vocea, apoi șopti cel mai neașteptat răspuns cu putință:

— N-ar fi păcat să rămână singur? Pot să merg eu...

— No way! Știe cum arăt!

— Și copiii știu. O să le spui că ești sora mea. Ba nu, angajata mea.

— Auzi? Tu fumezi de cinci minute și deja începi s-o faci pe dominatoarea?

Poate vă imaginați că au schimbat costumele și totul a trecut neobservat. Doar în telenovele se întâlnesc două femei care au exact aceleași măsuri! Ați văzut vreodată un costum de Catwoman? E fix pe șolduri, se mulează pe cur și pe sâni, ce mai! Patru kilograme în plus și arată ca un parizer. Patru în minus și zici că e un deget care a stat prea mult în apă.

Nu. Etajele 6 și 9 au făcut un 69, dar, deși femeile au schimbat rolurile, ele și-au păstrat costumele.

Când părinții s-au arătat îngrijorați un pic, „Catwoman“ le-a spus:

— Albă-ca-Zăpada e așa „clișeu".

Copiii au fost încântați de femeia-pisică. S-au jucat de-a poliția cu cătușele și au pocnit din bici strigând „Aho, aho, copii și frați". Dintr-odată parcă până și Crăciunul avea un înțeles.

Directorul de multinațională, care ținea apartamentul, un loft, doar pentru asemenea acțiuni, întâlnise multe „Catwoman", dar nu-și mai amintea când a avut o întâlnire cu o „Albă-ca-Zăpada". Iar„Albă-ca-Zăpada, care nu-și mai aducea aminte când a avut ultima oară orgasm, l-a făcut să muncească efectiv cât... șapte.

Șapte pitici.

Nu știu dacă le-a dat și nume orgasmelor, dar sunt sigur că niciunul n-a fost... mutulică.

Să le iei de nevastă, dar să rămână amante!

Dacă soția nu-ți e și amantă... ai o poziție vacantă.

Eu: Probabil soțul tău nu ți-a spun niciodată, dar e o vorbă între bărbați: Nu poți să mănânci zilnic aceeași mâncare.

Ce nu vrem noi să credem însă e că și femeile se plictisesc. Nici ele nu vor același meniu zilnic. „Cum a fost astăzi la serviciu, dragă?" o întreabă el mereu, iar ea urlă în interior „Doamne! Parcă ești mama, care mă întreba mereu cum a fost la școală! Vrei să știi dacă am luat o notă proastă? Am fost obraznică astăzi, mi l-am imaginat pe colegul de la Distribuție dezbrăcat. Are un cur senzațional, se vede și așa îmbrăcat". În exterior e o fată bună care răspunde doar „Obositor" sau „Nebunie, știi tu, cu închiderea de lună".

De ce nu are fanteziile astea cu tine? Păi, dacă tu te porți cu ea ca o mamă? Cine are fantezii cu maică-sa? Oedip?

Oamenii care nu se mai pot surprinde unul pe altul, care nu se mai pot juca, nu mai pot flirta au ajuns la final. Vor flirta cu alții și își vor găsi alți parteneri de joacă. Nu de alta, dar și „jucăriile" femeii îmbătrânesc.

La un pahar de vin roșu, o amică divorțată de două ori, care era psiholog specializat în terapie de cuplu, mi-a spus râzând:

Bărbatul nu știe, dar întotdeauna are două neveste. Pe cea de a doua o descoperă de obicei la divorț :)

Muza: De data asta a fost cam rău, Radu, chiar foarte rău, dar când ne lovește sinceritatea (și asta se întâmplă de cele mai multe ori fără public, când suntem singure în fața oglinzii) ne e greu să spunem cu mâna pe inimă că suntem 100% bune. La suflet, că fața se mai repară cu machiaj, și trupul cu mers la sală.

Succesul nebun pe care l-a avut la cititoare *50 Shades of Grey* cred că se datorează exact acestei dorințe de aventură pe care o avem și care se bate cap în cap cu cealaltă dorință, de siguranță. Cartea aia e varianta mai puțin riscantă pentru femeile care nu au curaj să-și facă un amant sau să-și schimbe iubitul. Citesc, nu fac nimic rău. Partea bună e că multe dintre cele care au citit-o au simțit brusc că și bărbații lor au ceva de Grey în ei.

Asta speră și Radu, cu cărțile lui, să-i convingă pe oameni să „spună pe bune" ce vor, ce gândesc, ce vor să li se întâmple în pat, ce-i supără la o masă cu prietenii, nu să fiarbă ca oala sub presiune și să izbucnească atunci când au dat în foc.

Orice femeie adoră să fie amanta soțului ei, dar urăște să-i spună direct ce vrea de teamă să nu fie considerată o ușuratică. De ce? Ai un copil? Și ce dacă? Mamele nu mai au dreptul la fantezii?

Suntem nebune, ne dau peste cap hormonii în fiecare lună și avem toate cel puțin un viciu, dar poate că asta ne face mai ușor de înțeles.

În cărți se spune că în fiecare femeie există o ființă angelică și o drăcoaică și depinde pe care știi să o trezești. Eu n-am citit așa mult ca Radu, că pictam la șevalet de dimineața până dimineața următoare, ca o sclavă, dar cred că vă faceți iluzii: angelica și scorpia se trezesc când vor ele. În loc să încerci să o omori pe una, de ce să nu înveți să te joci cu amândouă?

Sex cu doi bărbați

Cine ești tu? A câta oară ești? Psihologia crede într-un fel subtil de reîncarnare. Frici, instincte, dorințe, preferințe care nu mor. Trec de la mamă la fiică într-un fel de dans al fetelor de la Căpâlna. Fiecare generație cu mâna pe umărul generației următoare.

Ca să te poți înțelege pe tine, acum, ar trebui să înțelegi un lung șir de TU. Un TU în al Doilea Război Mondial, un TU medieval, un alt tu privind cu neîncredere către o religie nouă fondată de un pletos… și așa mai departe.

Ideea de sex cu doi bărbați vine dintr-o perioadă când femeia nu prea avea un cuvânt de spus vizavi de numărul lor, așa că natura, în marea ei înțelepciune, a făcut un reglaj:

Femeile pot tot timpul, bărbații doar vor.

Dorința de a face sex cu doi bărbați este atavică. Aparține unui eu anterior. Mai puțin în cazul în care e o necesitate practică: unul singur nu se descurcă.

A treia situație, în care vrei să demonstrezi ceva altora sau ție, este, probabil, una dintre prostiile pe care le încadrăm la Consum de Apartenență. Și fanteziile sunt bunuri de larg consum!

Subiectul nu merită atenția pentru că sunt doar două lucruri de spus. Ambele avertizări: Nu conta pe discreție și Nu face sex cu doi bărbați din care iubești unul! S-ar putea să rămâi fără el dacă masculinitatea lui va avea de suferit. În plus, dacă încerci să rămâi atentă să-l faci să se simtă mai cocoș, pierzi toată distracția. Cocoșii trebuie să fie doi.

Indiferent cât de greu îți va veni să crezi, aproape toate femeile au făcut măcar o dată în viață sex cu doi bărbați în același timp!

Unul le intra în trup, celălalt nu le ieșea din minte. Unul era în cameră, altul în vise. Nu-și închide ochii ca să nu te vadă. Îi închide ca să vadă ce vrea. Al doilea e parcă tatuat pe spatele pleoapelor. Le închide și vede…

Co-Lecția de bărbați

Totul a început de la o întrebare generală: Unde sunt bărbații? Peste tot! Depinde ce fel de bărbat cauți, dar și ce fel de bărbați te caută pe tine.

Și totuși…

Unde sunt bărbații?

A La bere

B La o bilă

C La alta

D Dracu' știe!

N-am fost niciodată în situația să caut bărbați! Dar pot să vă spun unde am dat peste ei fără să-i caut: la lucru.

Nu doar la serviciu, că mulți dintre ei n-au. La lucru. Când ai o firmă, grija salariului tău e ultima, iar grija pentru cei de sub tine e prima.

Probabil că la fel se întâmplă și când sub tine ai o femeie. :)) Predomină grija pentru ea.

Să vă mai spun unde?

La alergat.

Nu, nu-ți propun să fugi după ei :)) mai ales că sunt greu de prins ăștia care se bagă la semimaraton și maraton.

I-am mai găsit privind discret către o femeie ca tine, care-și pierde timpul cu unul care se uită mai puțin discret la alta.

Vreo doi, trei ai putea să găsești și tu în friend zone. Niciodată n-am înțeles faza asta în care un tip 100% de încredere ajunge un fel de manta de vreme rea, când el ar vrea să fie plapumă! Poate că totuși e de vină faptul că e material de... preș.

*Notă: Nicio femeie nu ține în friend zone prietenii. Doar niște admiratori fără șanse, dar care răspund imediat la orice telefon.

Atunci? Unde sunt bărbații?

Depinde unde-i cauți. Eu văd peste tot, dar recunosc că eu am un avantaj: luxul sincerității. Cu mine spun exact ce gândesc, cu voi gândesc foarte atent ce spun. :) Să vă aducă acolo unde vor. Unde vreți și voi, de fapt.

Sexul e satisfacție la ambele capete.

Te rog să nu te superi că vă mai și mințim. Minciuna e un fel de machiaj al intențiilor. Un push-up din vorbe. O realitate vopsită blond. Deci? Până la urmă cine a-nceput?

Bărbatul care nu promite nimic... bun. De ce să nu-l eviți.

— M-a avertizat de la început că doar atât vrea, mi-a spus o domnișoară.

— Ăsta e de păstrat, am răspuns în mesaj privat fără să ezit.

— Se poate? a insistat ea.

— Se poate... încerca.

Bărbatul care curtează o femeie este ca un politician în campanie electorală: puține promisiuni se mai țin după alegeri.

Și atunci apare el. Care nu-ți spune că te iubește ca un fel de parolă de desfăcut picioarele.

Apare el, care te avertizează: Nu-s de iubit, doar de tăvălit.

Și rămâi perplexă și îi scrii lui Constantinescu pe blog.

Eventual cu un mic preambul de genul: „Vai, nu știu ce e cu mine, nu sunt genul care să scrie mesaje bloggerilor". :)

Noroc că nu-s blogger. :))

Nasul îți spune că nu e ceva în regulă. Așa e. Nu e ceva normal să fim sinceri. Mințim încrucișat și fiecare dă vina pe minciunile celuilalt. Că au fost mai gogonate.

Ne scuzăm că poate am exagerat când am spus „pentru toată viața". De fapt, ne gândeam la „până apare ceva mai bun" și exista riscul să nu apară... toată viața.

Și atunci ce ne facem cu ăștia care spun direct?

Ăștia care zic pe față: „Sunt căsătorit"?!

Sau „N-am chef de conversație, doar de echitație"?! Omul nu bate șaua să priceapă iapa. Îi spune direct.

Ea poate să plece sau poate să, pardon, stea. Stea în frunte de-ar avea.

Ce ne facem cu sinceritatea? O scoatem în afara legii?

O transformăm într-un păcat? SIN-ceritate?

Vouă, femeilor, nu vi se par puțin penibili ăștia de vă spun cât de rău le e acasă și ce nasoală e nevasta în timp ce vă pun mâna pe picior? Care e viitorul tău cu el? Să-i pună alteia mâna pe picior în timp ce se plânge de tine?

E foarte mișto să găsești pe cineva care spune direct ce vrea. Știu din experiență, că mai sunt și femei care pot! E ca o gură de aer proaspăt. :) Bine, știu că ar trebui să respirăm pe nas. :))

Am spus de multe ori direct ce vreau. N-a mers de fiecare dată, dar am numit asta selecție naturală.

Și totuși, vreau să vă avertizez la rândul meu despre cei care vă avertizează:

1. Mulți doar se laudă. Un bărbat cu multe aventuri e adesea mai interesant decât unul fără.
2. E foarte mișto ca un bărbat să-ți spună în față ce vrea, dar pentru asta el trebuie mai întâi... să știe.

Nu știi niciun tip care a zis „just sex“ până când a cerut-o pe neașteptate de nevastă?

Ba știi.
Chiar acum îl citești.
Hai, lasă cartea! Cred că ai de dat un telefon.

Bărbatul care te tot scoate în oraș, dar nu te bagă în pat!

Din cele mai vechi timpuri a existat și bărbatul care nu „cedează din prima seară“!

Stă fata, săraca, întreabă dacă vrea să urce, el, gentleman, nu vrea. Ea urcă singură și e foarte nervoasă: întâlnirea a fost ca un coitus interruptus în care în locul penisului este domnul care nu vrea să intre. Măcar la interruptus intră-iese-intră-iese, dar nu termină treaba. :)

La fel, din cele mai vechi timpuri a existat femeia care vorbește mult, dar spune puțin. Nu pentru că e proastă (există și cazul acesta), dar mai ales pentru că nimicurile nu au miză, ca atare ies ușor pe gură, în schimb adevăratele întrebări stau în gât.

Ce se întâmplă când o femeie care nu spune se întâlnește cu un bărbat care nu cere? Nimic. Poate doar restaurantele să se bucure că o tot scoate fără să i-o bage. Noroc că de multe ori trage ea de el. :) Am un caz epic al unei prietene din facultate care, după o săptămână de ieșit la restaurant zilnic, i-a spus omului direct:

— Auzi? Eu vreau să mă fut, nu să mă îngraș!

Chiar am o dilemă, dacă ieși în fiecare zi se cheamă zilnic, dacă ieși în fiecare seară se cheamă seric? Și, da, aveți dreptate, am modificat un pic citatul că stau haterii cu ochii pe mine să mă raporteze la Facebook. :)

Râdem, glumim, dar pentru voi, bărbații mei, prietenii mei cu care am jucat fotbal, am muncit, învățat, ne-am bătut sau doar ne-am amenințat sau pentru voi, cei cu care nu m-am întâlnit niciodată... am un final ca o finalizare sub duș rece: nu o să vă placă, dar o să vă facă. Bine.

Când femeia refuză e una, când bărbatul nu propune e alta. Nu uita că femeia despică firul în patru și când totul e bine. Va crede că ești fie dezinteresat, fie că nu ești 100% bărbat.

Bărbații care își petrec prea mult timp ajutând o femeie, fiind o bună companie, dar niciodată nu „avansează" ca în șah, către „pat"... ajung în FRIEND ZONE. Un soi de vale a plângerii unde nu numai că nu ai ce-ți doreai de fapt, dar mai trebuie să înduri și poveștile ei despre alții cu care s-a culcat din prima seară. Că ea simte că ție poate să-ți spună. Doar ai dovedit de atâtea ori că o înțelegi.

Riscurile când încerci sunt mai mici decât cele când nu încerci. Dacă te gândești că își va face o părere proastă despre tine că vrei..., gândește-te ce părere proastă își va face când va crede că nu vrei. Sau că... nu poți.

Orice femeie iartă mai degrabă obrăznicia decât prostia.

Bărbatul care și după căsătorie creează locuri de muncă. Pentru cea mai veche meserie din lume.

E grav că se duce la curve? Era mai grav dacă se ducea la o femeie serioasă...

Vă recomand să combateți ideile din aceste pagini cu tărie. Whisky, vodcă, rom, gin.

Da. E mult mai puțin grav pentru ideea de relație că se duce la curve (pentru cititoare: aici „curve“ înseamnă sex plătit, nu orice femeie care te enervează. :))

Nu compari un adulter întins (ce imagine!) peste o perioadă mai lungă de timp cu un fuck-and-go!

Doar în filme el face o pasiune arzătoare pentru una și o ia acasă chiar dacă familia se opune, unde familia înseamnă nevasta și cei doi copii.

În viața reală, bărbații nu plătesc doar pentru sex. Plătesc și ca să scape de toate problemele pe care sexul chipurile neplătit le provoacă.

Da. E mai puțin grav, ba chiar deloc când soția lui este de acord cu asta. Căsătoria e un contract și cei doi își stabilesc cum vor termenii.

Logica ne-a dus până aici.

Absurdul ne va ajuta să mergem mai departe: Ce e mai grav? Să mori înecat în apă curată sau în apă murdară? Oare mori de scârbă înainte să te sufoci?

De multe ori mi s-a cerut să explic diferența dintre supape și trădări.

Trădările sunt morți neanunțate.

Celelalte sunt relații ținute în viață cu ajutorul aparatelor.

Aparatelor genitale ale altor femei.

Există și dragoste fără sex și sex fără dragoste. Nu trăim în povești cu zâne și nici noi nu suntem chiar... zmei. Batem cu pumnul în masă mai tare decât în perete cu tăblia patului.

Mai important, există dragoste fără căsătorie și căsătorie fără dragoste. Există finaluri pe care nu le acceptăm când foștii îndrăgostiți se zombifică. Par vii.

Își spun „Te iubesc" cum își spun „salut": „Ia un kil de cartofi de la Mega, te iubesc". Într-o zi o să greșească și o să spună „te mega-iubesc". Deși ei sunt într-o mega-dezamăgire.

Am făcut din durata unei relații o calitate. O construcție megalitică. Casă de piatră. Un fel de Stonehenge. Stă în picioare, dar nimeni nu mai știe la ce folosește.

Ce nu mai poți să repari trebuie să schimbi. Nu să cârpești.

Femeile alea pe care le plătești s-ar putea să fie mai fericite decât nevastă-ta. Și decât tine. Că multe au pe câte unul pe care-l iubesc orice le-ar face. Ea poate te iubește orice nu i-ai face. Și poate are și ea, cum ai tu supape, un acumulator în cartier. Care-i mai dă curent.

Și uite așa îi condamnăm pe libertini și pe swingeri deși „farmecul discret al adulterului" arată din ce în ce mai mult ca harta transportului în comun. Mașina ta nu mai merge. Nici asta la comun nu funcționează mereu și aici intervin fetițele. Când nu-ți vine autobuza, mai iei și un taxi.

Adulter tur-retur pentru iubiri care nu vor să admită că au ajuns... la capăt de linie.

Bărbatul care nu spune nimic

Dacă am fi putut vedea toate mesajele care ni s-au scris, rescris, dar niciodată trimis... oare lumea noastră de astăzi ar fi arătat altfel?

O istorie alternativă a iubirilor care nu s-au întâmplat.

Din toate mesajele pe care nu le-ai primit, deși ele au fost scrise. Rescrise.

Știi momentul acela când te uiți pe WhatsApp și vezi „typing..."

Trece un minut și tot n-ai primit nimic.

Scrie.

Șterge.

Scrie din nou.

Butonul acela de Send face diferența între cei care se iubesc și cei care privesc.

Dacă ai fi putut să vezi toate privirile întoarse după ce ai trecut... te-ai fi întors și tu la una dintre ele?

Dacă ai fi știut de câte ori a intrat pe profilul tău de Facebook colegul care pare arogant că abia dacă răspunde la salut...

El, de fapt, își pierde mereu vocea...

ce-ai fi făcut?

Oricât de „adorabilă" ar fi această timiditate, cred că n-ai fi făcut nimic.

Dacă ești deștcaptă, nu ai fi făcut nimic până când el nu ar fi făcut ceva.

Îți iei bărbat sau animal de companie?

Până și câinele te trage cu lesă cu tot pentru că mai are și el inițiativele lui. Dar așa? Ce fel de bărbat e acela care nu are inițiativă când e vorba de ce-i dorește trupul?

Cu sufletul să mă lăsați, că ăștia care spun repede „Te iubesc" au citit de pe alte bloguri că femeilor le plac ăștia sensibili.

Sensibili la ce? La presiunea atmosferică? La gluten?

Ăstora le e teamă că o să-i refuzi și se fac de râs.

De-asta nu spun nimic!

Și când lumea o să-i refuze, când viața o să le spună „nu", ce vor face? Se duc să plângă în baie?

Singurele mesaje pe care un bărbat trebuie să nu le scrie, dacă le scrie să le reformuleze și apoi să le șteargă, dar cu certitudine să NU le trimită sunt cele în care ar vrea să-și verse nervii, să insulte, să umilească.

Și femeile știu bine că așa mesaje nu ar trebui să trimiți. Știu. Dar nu se pot abține. :)

Pe astea rele, înveninate, amplificate de curajul din spatele ecranului, când nu ai omul în față, nu știu cum dracu' se face că ne e mai ușor să le trimitem!

Apoi te miri că ai mai mult de 1 000 de numere de telefon în agendă, dar n-ai pe cine să suni.

Dacă am fi putut vedea toate mesajele frumoase, pasionale, de dragoste care ni s-au scris, rescris, dar niciodată trimis... oare lumea noastră de astăzi ar fi arătat altfel?

NU.

Ar fi arătat la fel. Pentru că diferența o fac acțiunile oamenilor, nu vorbele lor. N-ai fi fost mai fericită dacă ai fi știut.

Celelalte, însă, pe care ar fi fost bine să nu le trimiți, dar le-ai trimis. Acelea ți-ar fi putut schimba viața în bine. Dacă în loc de butonul Send, ai fi atins un pahar cu vin și apoi ai fi dat Delete.

Ar fi dispărut mesajul de pe telefon.

Însă omul căruia i l-ai trimis… ar fi rămas.

Bărbatul care… nu e pregătit pentru o relație

De fapt nu e pregătit de o relație cu tine.

Există o carte, dacă nu mă înșală memoria este scrisă de Allan Pease, care se numește Întrebările sunt, de fapt răspunsuri. Sau cam așa ceva.

Memoria nu e punctul meu forte, depistarea bullshit-ului… DA!

În cazul acesta, răspunsul chiar e conținut în întrebare și nu întâmplător e pus la final. :)

Bărbații nu se tem de nimic când îi interesează suficient.

Fumatul ucide? Lasă că nimeni nu trăiește veșnic!

Omleta din șapte ouă e o bombă de colesterol? O să mor de plăcere!

Berea îngrașă? Las' că nu trebuie să ne concurăm iubita la dimensiunea taliei.

Alcoolul ucide încet? Noi nu ne grăbim.

Chiar și atunci când te-ai îmbătat crunt cu vodcă nu renunți la băut. Renunți la vodcă! Treci pe coniac!

Ne place adevărul. Mai ales pentru că femeile mint mai bine. Noi ne tot încurcăm pentru că minciuna e o treabă de detalii. Dar dacă adevărul ne îndepărtează de pizdă... atunci s-ar putea să facem un efort intelectual și să inventăm o realitate alternativă. Una în care bărbatul rănit mai ceva decât animalul din *Moartea căprioarei* mănâncă și plânge. Mănâncă. Adică îl mănâncă. Și vrea să-l scarpini, dar numai în privat.

Nu te scoate în oraș. Nu schimbă statusul pe Facebook. Nu promite nimic.

Acesta e cel mai prost semn. Noi promitem și marea cu sarea, și luna, și un selfie cu Dumnezeu însuși dacă te vrem.

Bărbatul îndrăgostit e energic ca un taur și docil ca un bou.

Bine. Există și bărbați care chiar se tem. Care se dau cu trei soluții antibacteriene dacă se ciupesc cu epilatorul. Dar cine îi vrea pe ăștia?

Vrei un soț sau o colegă de cameră?

Bărbatul pentru care ieri erai „viața lui", iar astăzi... „altă viață"

O cititoare din Cluj m-a întrebat cum este posibil ca totul să fie perfect într-o zi, iar a doua zi totul să fie istorie?

Răspunsul brutal la întrebarea „Cum se poate?" este că nu se poate!

Ce se poate însă e ca el să mintă foarte bine. S-ar putea să te mintă doar pe tine. S-ar putea să se mintă și singur.

Ce se mai poate este ca tu să nu te prinzi. Pentru că nu știi sau pentru că nu vrei să știi.

Nu vezi cât de ușor ne este să răspundem cu „Bine" la întrebarea „Ce mai faci"? Scapi de următoarea întrebare!

Nu vezi cât de ușor am înțeles toți că e mai important **cum mă vezi** decât **cum sunt**?

Poate că te-a mințit pentru că te voia liniștită.

Femeia suspicioasă e greu de suportat!

Femeia suspicioasă e și mai greu de înșelat.

Nici serviciile secrete nu te caută în bagaj, în gunoi, în telefon, în extrasul de cont cum caută o femeie suspicioasă! Apropo, nu plătești camera de hotel cu cardul!

#necenzurat

DACĂ FEMEIA ÎNDRĂGOSTITĂ STĂ NOAPTEA ȘI TE PRIVEȘTE DORMIND, FEMEIA SUSPICIOASĂ POATE SĂ STEA TOATĂ NOAPTEA ȘI SĂ TE AȘTEPTE SĂ VORBEȘTI ÎN SOMN!

La SRI s-ar putea să nu vorbești. În somn, când ești între două, o să vorbești sigur.

Poate că s-a mințit pe el.

Spera că o să fie mai bine, deși nu făcea nimic pentru asta. Nici nu știa cum.

Mă amuză oamenii care spun că în cuplu poți să vorbești despre orice. Și eu sunt un mare susținător al comunicării, dar mă îndoiesc că pot să-i spui soției tale ghici ce s-a-ntâmplat astăzi?! Am întâlnit o blondă... A fost cel mai bun sex oral din viața mea. Cât pe ce să fac o cădere de calciu!

Înțelegi?

Când mă întrebi ce am, cum ai reacționa dacă ți-aș spune mi-e teamă că mă plictisesc?

Hai! Recunoaște! Știi cum ai reacționa!

Vei face un scandal de n-o să mă mai plictisesc o săptămână!!

Ieri spunea că tu ești viața lui. Astăzi are altă viață. Chiar crezi că a început astăzi?

La 7.30 era îndrăgostit de tine și la 8.10 se mută?

E ca o poezie de copii:

Nimeni nu se mută

înainte să se...

cunoască mai bine...

Nu. O să-ți dau răspunsul corect chiar dacă tu ai pus greșit întrebarea.

Întrebarea nu era de ce a plecat, întrebare era de ce a mințit.

Iar răspunsul este: acum chiar nu contează.

Nici răspunsul.

Nici el.

Bărbatul care... te iubește, dar nu poate să o părăsească pe cealaltă

De ce?

Nu am spus niciodată cuiva să se despartă, nici măcar când eram sigur că ar fi bine. E minunat să lupți pentru ca o relație să nu moară, dar sexul cu altă femeie, chiar dacă ajută „fericirea conjugală“, nu este nici el printre recomandările mele.

Greșim destul și singuri.

I-am cerut Muzei ceva de băut înainte să scriu. Cu mici variațiuni, am întâlnit situația de mai mult de 1 000 de ori. Știți, mie oamenii fericiți îmi scriu mai rar. Mai des îmi trimit poze. Am mai scris două articole în ultimii cinci ani în care încercam să ajung la concluzie mai pe ocolite.

Îmi pare rău să v-o spun, dar pe femeile îndrăgostite inima ușoară le face grele rău. De cap.

Așa că o să o dăm direct.

OK. Sunt la al treilea shot de palincă. Ar merge și niște slană. Nu de alta, dar ca să te plângi de femeia de acasă... ca să agăți alta, mi se pare că ai nevoie o supradoză de șorici.

Să dai ochii peste cap când nevasta nu știe în ce blugi să-și bage picioarele dimineața, dar tu să nu te decizi în ce femeie vrei să-ți bagi **** de un an... asta iar mi se pare că se potrivește cu palinca mea. Pentru că e de porc.

Și pentru că e nevoie de un porc ca să vă spună ce fac porcii, o să intru în subiect: voi credeți că am ajuns la a treia și ultima căsătorie, dar n-am înșelat niciodată?

N-ați prea fost atenți când m-ați citit.

Voi credeți că n-am știut, de fiecare dată, când vreau doar o aventură, când vreau o amantă de cursă mai lungă și când parcă m-aș gândi să schimb? Să transform călcatul strâmb în ceva drept?

Am știut.
Toți știm.
Dar e mai ușor să minți
decât să le spui ce simți.
(de la palincă, încep în versuri fără să vreau)

El ți-a spus că-i rău acasă
Mai are puțin și-o lasă
Te iubește doar pe tine
Dar ceva parcă-l reține

Unii spun că e copilul
Alții, automobilul
Au de împărțit avere
Divorțează și te cere

Parcă zboară vreo cinci luni
Vă iubiți ca doi nebuni
El îți spune „ai răbdare"
Tu aștepți. Inimă mare.

Trece-un an. Sau doi. Sau trei.
Gândul chiar și tu ți-l iei
Tristă realizezi ceva
A fost timp... din viața ta.

Ați înțeles? Primul lucru pe care ar trebui să-l faci înainte să-l compătimești pentru cât de rău îi e cu nevastă-sa acasă este să te gândești că aia puteai fi tu!

Al doilea, când el spune că vrea, dar nu poate, este să te gândești că apelează la un truc. Se numește negociere fără autoritate. Deci ori e mincinos, ori e slab. E tare doar la pat. Vrei un astfel de bărbat?

Iar al treilea e să-ți pui un deadline. Dacă lucrezi într-o corporație îți vine ușor. Știi ce face o companie mare cu un produs care nu confirmă? Investește în el. Mai mult. Însă până la un prag.

După care îl „omoară" și toată lumea uită de el. Ca și când ar fi mort.

Un mort după care nu se plânge.

Se râde.

Pentru că în locul lui poate să vină altul.

Care să-ți satisfacă și... așteptările.

Bărbatul care nu face complimente. Nu-i bai, îți fac alții

Bărbatul care nu îndrăznește e ca un copil care i-ar scrie lui Moș Crăciun să-i aducă o femeie sau așteaptă să mă invite altcineva la o cafea și să-mi spună despre el, că e băiat bun, că mă iubește și așa mai departe.

Nu ar fi normal ca orice femeie să-l aprecieze pe cel care-i spune și să se culce cu pețitorul? Că deja a văzut că e băiat bun! Doar a făcut ceva frumos și riscant pentru un prieten și e clar că știe să se descurce. Ceea ce va fi foarte util mai târziu. Spre deosebire de Mutulică. Care e puțin probabil să aibă vreodată un... „cuvânt de spus". :)

Bărbatul care are deja femeia, dar nu-i mai face niciun compliment, că asta a fost la început, mi se pare că n-are o problemă că nu înțelege femeile, el nu înțelege bărbații!

El chiar nu știe că datoria bărbatului e să încerce? Și asta e una dintre puținele datorii de care absolut toți bărbații se achită exemplar.

El chiar nu știe că nu e singurul de pe pământ și că tot ce nu mai folosește s-ar putea să aibă undeva cumpărător?

Femeia nu se pune pe okazii, dar are destule.

Îi mai trebuie doar un motiv.

În plus, femeia știe că mulți dintre neatenții și dezinteresații acasă sunt foarte atenți și interesați în altă parte. Au grijă să-i bage asta în cap toți colegii cu verighetă, bărbații de pe stradă care întorc capul după ea, deși sunt la brațul alteia și așa mai departe. Nu va dura mult până să creadă că atenția pe care nu i-o mai dai ei o dai alteia. Și va face la fel.

Femeia se hrănește cu complimente. Nu o lăsa să flămânzească! Se va găsi cineva să-i aducă unele proaspete cum aveai și tu cândva, când știai cât valorează și erai gata să zici că te duci pentru ea până pe Lună.

Stai liniștit că o să afli din nou cât valorează după ce pleacă. Singura problemă pe care o văd e cu toate cuvintele frumoase pe care o să simți nevoia să le zici. Și n-o să mai ai cui.

Bărbatul despre care te-au avertizat prietenele tale

Asculți ce-ți spun „prietenele" despre bărbații din jurul tău? Hai să-ți spun câți tipi mișto ai ratat! Cel mai probabil doar unul. Cel cu care ai fi fost de atunci și până acum.

De unde să știe prietena ta ceva despre el? Te-ai întrebat?

De la o prietenă a unei prietene a unei verișoare?

Ciudat... cum de a reținut o bârfă fără importanță?!

Te-ai prins acum, nu?

Nu era fără importanță.

Pe prietena ta o interesa tipul și poate o mai interesează și acum.

„Sfatul dezinteresat“ pe care ți l-a dat doar a mai rărit din concurență.

Și chiar dacă n-ar interesa-o, la originea acestei bârfe e, cel mai probabil, o femeie părăsită, iar cine n-a văzut o femeie care vrea să se răzbune nu știe cum arată răutatea în stare pură!

Cât suntem împreună, chiar dacă ne mai certăm, prietenele știu despre noi că suntem cool.

După ce ne-am despărțit, afli despre tine că nu aveai bani nici s-o treci strada, plus că n-aveai maniere, că ești cam gras și — bomboana de pe colivă — o ai mică!

Chiar nu înțelegi că adevăratul război nu e între femei și bărbați, ci între femei. Și între bărbați?

Toți vrem o femeie frumoasă ca un vis de licean, dar de casă.

Și de cele mai multe ori ni se pare că ne-a suflat-o altul.

Cel mai probabil n-a luat-o femeie de casă, a făcut-o femeie de casă. Mai precis s-a făcut ea pentru el.

Toate își doresc un bărbat frumos, manierat și cu bani, dar de cele mai multe ori îl are deja o „nebună“. Sau te întreabă de el una. Și tu ce să-i răspunzi? Că e nasoală, iar ei că e instabil gagiul.

Dacă îți iese însă manevra și te combini cu el, s-ar putea să-ți aduci aminte că sunteți prietene. Când faci listele cu invitații la nuntă.

Epilog sau „va urma?"
N-aș fi ajuns aici fără tine

N-aș fi ajuns dincolo de limitele răbdării fără tine.

Să am senzația că inima e un fachir debutant care merge pe cărbuni încinși prea tare. Botezul colegilor mai în vârstă.

N-aș fi ajuns dincolo de plăcere fără tine.

Într-un loc unde totul devine alb. Ca într-un alt univers unde totul e lumină și stelele sunt singurele puncte de întuneric. Ca negativul unei fotografii alb-negru.

N-aș fi ajuns dincolo de talent fără tine. În îndârjirea aia pe care oamenii de vârsta mea n-o mai au. Ca un pictor care pune straturi de culoare cu nerv. Știi prea bine la ce mă refer.

N-aș fi ajuns dincolo de dragoste fără tine. Unii spun că e mare brânză să uiți de tine. Eu am uitat și ce e bine, și ce e rău.

Blogul. Cartea asta. Moartea și reînvierea. Mersul pe sârmă. Lăfăitul în patul cu baldachin al retinei tale. Toate acestea nu s-ar fi întâmplat.

Fără nicio legătură.

Mulțumesc pentru tot ce-ai făcut bine. M-a ridicat.

Și pentru tot ce-ai făcut rău. Le-am meritat.

Probabil că amândoi aveam nevoie de o lecție… și de un premiu pentru întreaga activitate.

De o recompensă și o pedeapsă.

Ni le-am oferit pe ambele. Unul altuia.

Cuprins